「今、ここ」から
未来がひらける！

魂磨き開運

日蓮宗 玉蓮山 真成寺 副住職
かんちゃん住職

KADOKAWA

はじめに

あなたの人生は運が良いですか？
それとも運が悪いと思っていますか？

自分の人生は「運が良い」という方も、「運が悪い」という方もいらっしゃいます。運の良し悪しは生まれつき決まっているものなのでしょうか？　この違いは一体何なのでしょうか？

「開運」とは神頼み的なお話ではございません。開運は「運を開く」と書きます。運に恵まれるためには、自《みずか》ら考え、自ら行動を起こすところに全ての鍵がございます。

あなたが運を自ら切り開いていこうとする気持ちを持った時にはじめて、運に応援されるのです。

この本を読み進めることによって、運を自分に引き寄せる方法が少しずつ備わってまいりますよ。

これまでになかった、目から鱗《うろこ》が落ちる超開運術をぜひご自分のものとしてマスターしていただければ幸いです。

たとえこれまでの人生であなたが

●自信が持てない
●何をやっても上手《うま》くいかないと思っている
●夢や目標もなく先行きの見えない未来に不安を抱えている
●老後が心配
●現代社会に生きづらさを感じている
●生きる意味を見失っている

そんな悩みを抱えていたとしても、一筋の光が射し込み、解決の糸口へと導く一冊になることでしょう。

私は仏教に人生を救われた一人です。「仏様は誰にでも平等」という教えに惚れ込み、仏教が大好きで僧侶になりました。

日頃は富山県にあるお寺、真成寺《しんじょうじ》の副住職として、悩みを抱えた方々と対面し、その心に寄り添いながら、より良い人生のための解決法を説いております。ところが四年前、私達を襲ったコロナパンデミック。

社会はコロナ禍となり、私達は自粛《じしゅく》を余儀《よぎ》なくされました。人と触れ合うこともままならない中で、人と人との関わり合いが希薄になったと言われます。毎日のように暗いニュースが飛び交い、生き辛さを抱えていらっしゃる方が全国においでになります。

一人でも多くの方が前を向いて、自分らしい日々を過ごせますようにとの思いで本書を執筆いたしました。

これはYouTubeを毎日配信している理由と重なるところでもあります。

私自身が救われた生き方の極意を、皆様にご共有いたします。

人は誰だって、いつからでも、どこからでも、人生を好転させることができます。

さぁ、「今、ここ」から、あなたの幸せな人生が開運します。

かんちゃん住職
谷川《たにかわ》寛敬《かんきょう》

もくじ

第1章 運って何？

第2章 今すぐできる超開運術

第3章 さらに運気を上げるアクションと心の持ち方

第4章

運も魂レベルも下がる罰当たり行為

Staff
装丁・本文デザイン：白畠かおり
装画：ナツコ・ムーン
本文イラスト：ハルペイ
校正：麦秋アートセンター
DTP：G-clef
編集協力：岸田直子

序章

本書を読む前に知っておきたいこと

私達の本体は『魂』
『魂』に肉体という着ぐるみをまとっている

肉体＝着ぐるみ
魂＝本体
肉体の中に宿り
意識＝心の働きを司っている

私達の本体は『魂』です。

『魂』という本体の上に、言わば肉体という着ぐるみをまとっているのが、私達の「命」と言えます。

仏教には【一切衆生悉有仏性(いっさいしゅじょうしつうぶっしょう】とか【山川草木悉皆成仏（さんせんそうもくしっかいじょうぶつ)】という言葉があります。この言葉の意味するところは、山も川も草も木も、生きとし生ける全ての命あるものには、仏様になるための『魂』が宿っているという真理、そういう思いが込められています。

『魂』というのは、私達の肉体の中に宿って、意識＝心の働きを司っているというイメージです。

『魂』

＝

使命を果たす目的を持った
生命エネルギー

全ての記憶が刻み込まれながら
何度も生まれ変わる宇宙エネルギー

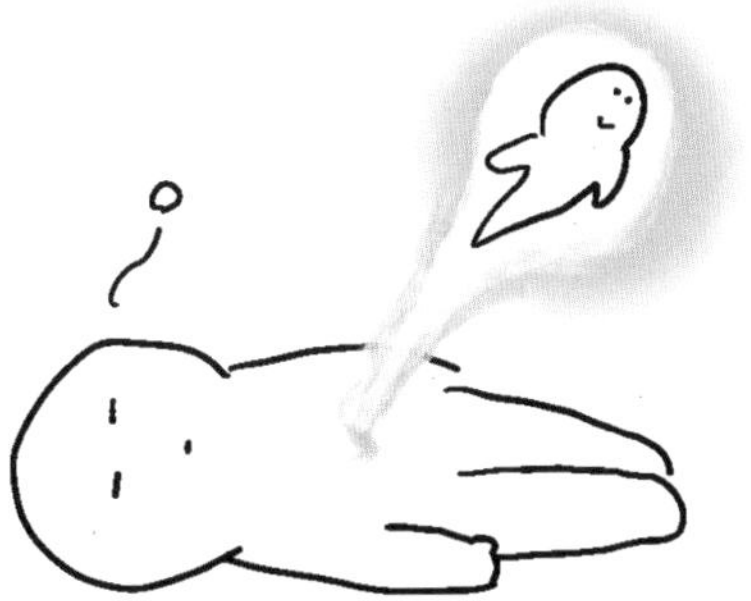

『魂』は意識や心を司ってはいますが、同じものではありません。心というのは、ポジティブな時もあればネガティブな時もあるというように、周りの状況に影響を受けて感情がそのつど揺り動かされて変化します。しかし、心の働きが変化しても『魂』の働きは変化しません。
また、私達は寿命と共に肉体は滅しますが、『魂』は固有に存在し、永遠不滅のものと信じられています。
仏教ではこれを【輪廻転生（りんねてんしょう）】と申します。
新しい人生を繰り返し体験しながら、全ての記憶が記録されるのが、『魂』です。

『魂』は『魂』の未熟な部分を
磨いて成長させるために
何度も生まれ変わる

『魂』は生まれ変わって
成長するごとに次元を上げて
人間的器を養っていく

＝

『魂』レベルが上がる

私達の人生は自分の思い通りにならない大変な経験があるからこそ、『魂』は磨かれて一層輝きを増し、成長することができます。

寿命が尽きて、『魂』が肉体から離れる時、この人生という一生の中で、磨かれ成長した『魂』は、『魂』の世界、仏教では「仏様の世界」に還《かえ》っていきます。この世的な物質はあの世に持って還れませんが、この人生で体験した経験やいろいろな思い出、つまり心の財産は失うことなく、全て持って還れます。これを仏教では【カルマ（業）】と申します。

この人生でたくさんの問題や課題と向き合い、経験を積みながら、人生の道理を学ぶことで、『魂』が磨かれ、『魂』が成熟し、『魂』レベルが上がるのです。

『魂』レベルのステージが上がると『魂レベルが高い』運が良い人との出会いに恵まれる

||

自分の元へも自然に幸運が引き寄せられる

『魂』は、『魂レベル』という階層別にステージ分けされているとスピリチュアルの世界では考えられています。私達人間の発達段階に合わせて、「乳児期・幼児期・若年期・成人期・老年期」という五つのステージに『魂レベル』が分けられています。

ステージが上がると『魂レベル』の高い、運が良い人との出会いに恵まれるようになります。

『魂レベル』が高い人が発する言葉には、その言葉を届けられた人の心を温かく包み込むエネルギーが宿っています。その言葉のエネルギーに触れた人は、モチベーションが上がり、気持ちが前向きポジティブになることができます。

運気を引き寄せるための鍵は、ポジティブで前向きな気持ちにあります。そうやって感謝と思いやりの良き循環ができれば、自《おの》ずと幸運を引き寄せる力に恵まれます。

つまり『魂』を磨き、『魂レベル』を上げることによって、幸運を引き寄せられるということです。

『魂』を磨き、『魂レベル』を上げることは誰にでもできる

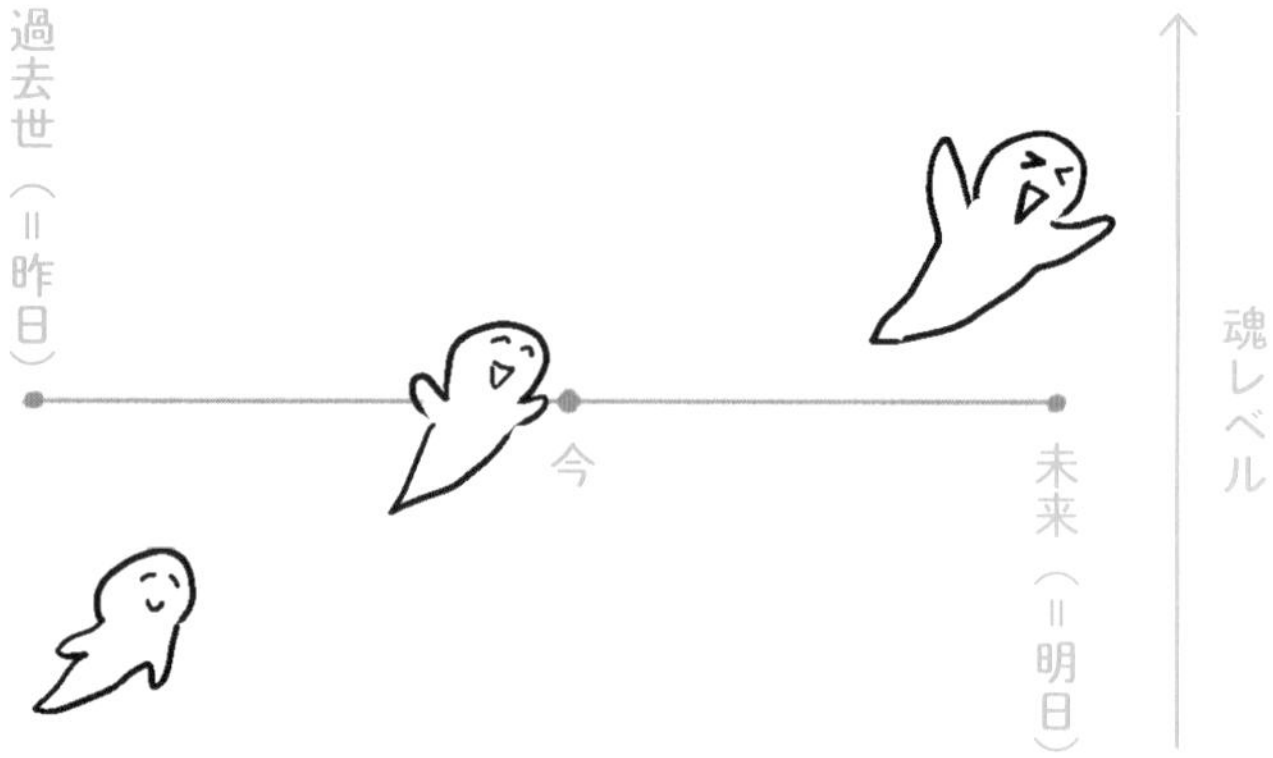

命が生まれ変わることを【輪廻転生】と申しますが、この概念は仏教の考え方です。仏教では過去・現在・未来の三世にわたって、私達の『魂』は一本の線でつながっていると教えられます。過去の延長線上を今生きていて、今の延長線上に未来がつながっているという思想です。

そして大切なことは、【輪廻転生】は、日々刻々と繰り返されているということです。『今、ここ』に生きる私達にとって、昨日は過去世であり、明日は来世。

つまり、「一秒前は過去、一秒後は未来」ということです。

この瞬間も『魂』を磨き、『魂レベル』を上げることはどなたにもできるんですよ。『魂レベル』を上げて、幸運を引き寄せられるあなたになるための鍵が、本書には詰まっています。これらを心がけるだけで、一秒先の未来も運が開け、明るくなります。

さぁ、あなたの人生を有意義な一生にするために、開運の扉を開きましょう。

第 1 章

運って何？

#「運」は生まれながらにして決まっているのか？

突然ですが、「運」とは何でしょうか？

「運」というものを言葉で上手く説明できる方はいらっしゃるでしょうか。

世の中には「あの人、運が良いよねぇ」と思える人や、また逆に「あの人は運に見離されている」と思わされるような人がいらっしゃいます。

勝負事の世界では「運を味方につける」とか、「運を引き寄せる」と言ったりもします。

そんな「運」というものが存在するなら、私も運に恵まれたい。そう考えるのは人情ですし、誰しも一度くらいは考えたことがあると思います。

おまけに成功者と呼ばれる人は例外なく、「自分は運に恵まれている」と公言しておられます。

実はこの、**「運に恵まれている」と信じていることこそが、運を引き寄せ、運を味方につける鍵を握っている**と言っても過言ではございません。

そう考えると、この「運」って一体、何だと思いますか？

「運」という言葉を聞くと、『運命』という言葉を連想される方も少なくないかと思います。

『運命』というのは誰しもが生まれ持ったもので、自分の人生は既《すで》に決められた設計図のようなレールの上に乗っかって進んでいくもの。自分の意思で変えようと思っても、自分の力でどうこうできる問題ではないし、人との出会いも「運命の赤い糸」で結ばれた約束事と、思っていらっしゃる方もおられるでしょう。

ところが**『運命』というのは、自分の力でいかようにも変えることができる**んですよ。

また、『運命』と言えば、『宿命』という言葉もございます。

『運命』と『宿命』。

この二つの言葉の意味は明確に違います。


あなたが持って生まれた性別や容姿や個性。時代や国籍。この両親の元に生まれて、この兄弟姉妹といった家族構成や家庭環境など、自分の思いや努力では変えることができないもの。

これらが宿された命。

つまり『宿命』というものでございます。


一方の『運命』も読んで字のごとく、〝運ぶ命〟です。


今日一日をどう過ごすのか？

どこに行き、何を食べるのか？

誰と会って、どんな話をするのか？

旅行に行きたいと思えば、どこにでも好きな所に出かけることができます。家でゆっくり音楽を聴きながら読書をして過ごすこともできます。掃除をすることも、映画鑑賞をすることもできます。仕事もできますし、どんな仕事をするかも自分で選ぶことができますよね。

私達が人生で出会う人は、ある程度『宿命』で決まっています。歴史上の偉人に、どんなに会いたいと願ったところで、別の時代の人と会うことはできませんよね。

自分の人生で出会った人と、何をして、何を考え、何を経験するのかによって、その人との絆が深まってまいります。

同じ時代に命を授かった『宿命』の人と、様々な経験を通して『運命』の出会いにしていくのは、あなたの選択と行動次第ということになります。

『宿命』は生まれ持った変えられない事実であるのに対して、『運命』は自分が何を選択し、どう生きるかによってつくられていくものです。

あなたの『運命』は、『宿命』という土台の上であれば、自分でいかようにもアレンジして築くことができるんですよ。

例えば、就職した会社で自分なりに頑張ってみても、思うように仕事ができなくて「どうせ私の人生はこんなものだ」と不平不満ばかりを口にしている人は、転職して他の職場に移ったとしても上手くいかないケースがほとんどです。と言いますのも、自分が上手くいかないのを、会社や他人のせいにしたり、社会や国のせいにする選択をした人の『運命』は、不平不満の人生になるからです。

たとえ、与えられた仕事が天職だと思えなくても、「今、ここ」で自分にできることを、一生懸命に努力することはできます。

そうやって自分なりに努力を続けていくうちに、不平不満は消えて、物心両面に豊かで素晴らしい人生を送ることができるようになるのです。

「今、ここ」で、どんな選択をしているのか？
「今、ここ」で、何をしているのか？
それが一年後、十年後の、あなたの未来をつくる『運命』となります。

自分次第で、どんなふうにでも変えられる『運命』を、思う存分謳歌《おうか》してまいりましょう。

「運勢」や「運気」とは？

「運命」や「宿命」に似ている言葉で、「運」に関係する言葉と言えば、『運勢』や『運気』が挙げられると思います。

『運勢』という言葉を考えるうえで、「厄年《やくどし》」という概念を避けて通ることはできませんので、先に少し説明させていただきたいと思います。

「厄年」にあたっている人は、体力的にも社会的にも、大きな転換期を迎える時期でもありまして、災厄が起こりやすく注意しなければならないとされております。

七五三や成人式、そして還暦と同じように、「人生の通過儀礼」として、神社仏閣へ「厄祓《ばら》い」を受けに行かれる方も少なくありません。

「厄年」とは大きく分けて「前厄」・「本厄」・「後厄」の三つがございまして、「本厄」の前後一年間は慎重に過ごすべきであるとされています。

つまり「前厄」から「後厄」まで、三年間にわたって「厄年」とされます。

「本厄」の年齢は男女で違います。

男性は二十五歳、四十二歳、六十一歳の三回。

女性は十九歳、三十三歳、三十七歳、六十一歳の四回あります。

女性の「厄年」は、男性より一回多いのが特徴で、そのうちの二回は三十代で迎えることになります。

それはなぜかと言えば、仕事や結婚、そして出産といった生活環境が大きく変わりやすいタイミングの年齢でもあるからです。これには科学的根拠はございませんが、「厄年」は男女共に社会的地位やそれに伴う体調の変化が起こりやすい年齢であると言えるでしょう。

古来、日本では「心身を祓い浄《きよ》めることによって、除災招福や開運厄除が叶《かな》う」と信じられてきました。**心と体をきれいに整えれば、幸せを引き寄せやすくなって、より多くの幸運が訪れる**と言い伝えられてきたのです。

身心共に自分自身を見つめ直す、ちょうど良い時期が「厄年」の年齢と言えます。

「厄年」の時期に無理がたたって、大病を患うようなことがあれば、それこそ『運勢』を停滞させることになります。

なぜなら、**『運勢』というのは、「運」のスピード**で、「運」に「勢い」がついている状態だからです。

「運」には勢いが大切で、「勢い」がつくと、『運勢』が良くなります。

ここで例え話をしましょう。

「鉄砲水」のような急激な出水は、大きな岩まで流してしまいますが、大きな岩を動かしたのは、水ではなくて、鉄砲水の「勢い」です。

つまり、同じ水でも「勢い」があるのとないのとでは、「力に大きな差」が生まれます。

「運」も同じです。「勢いが大切」ということになります。

『運勢』を良くする方法は、前向きポジティブに生き生きとして、ニコニコ笑顔で、明るく物事に向かう気持ちを持つこと。それがあれば、運に勢いをつけることができます。

「運」に「勢い」があるから『運勢』が良くなるのです。

運の流れるスピードが『運勢』。
運の大きさが『運気』です。
『運勢』が良ければ『運気』も上がります。

また、生活リズムを整えることでも『運勢』の流れが良くなります。

睡眠をしっかり取って、栄養バランスが整った食事を摂ることで、『運気』は上昇します。

『運勢』『運気』は、あなたの心がけ一つで上げることができます。

「運」は絶えず動いている

「運」というものは、自分の心持ち一つで上げることも下げることもできます。

「棚から牡丹餅」というのは、思いがけない幸運が舞い込んでくることを意味する諺《ことわざ》ですが、「運」というのはそういうものではありません。

どこか別の所から舞い降りてくるものでもありません。

幸運を引き寄せるのも、逆に悪運を引き寄せるのも、実は自分の心持ち一つで、「運」はいかようにも変わります。

「自分の心持ち」次第で、同じ状況、同じ環境を、幸運にも悪運にも変えてしまえるものです。

そもそも「運」は絶えず動いており、「運」そのものには、幸運も悪運もありません。

自分の心持ち一つで、良くも悪くも状況が一変します。そういった状況によって、私達は幸運とか悪運とかと呼んでいるわけです。

そんな「運」について熟知しておられたのが、経営の神様と謳《うた》われた松下電器産業株式会社創業者の松下幸之助氏でした。

松下電器の採用最終面接で、松下氏が自ら必ず聞く質問がございました。

それは、「あなたは、自分は運が良いと思いますか？」というものでした。

この質問の正解は「私は運に恵まれています」というものでした。

「自分は運が良い。自分は運に恵まれている」と思っている人は、社内全体の運気を上げる力を持っていることを松下氏は知っていたからです。

これはどういうことかと言えば、たとえ運が良いとは思えない状況に置かれたとしても、「自分は運が良い人間だ」と信じる人は決して諦めずに問題や課題に前向きな気持ちで取り組んでいく、つまり「運を味方につける」人だということです。

「自分は運が良い」と思っている人が成功した場合、**周りの人達や自分が置かれた環境、そういった様々なご縁に支えられて今の自分があるというように、あくまで謙虚で、周囲への感謝の気持ちを忘れない**ことでしょう。

「自分は運が良くない」と思っている人が成功をすると、こうやって成功できたのは自分が一生懸命に努力して頑張ってきたからだ、というように驕《おご》り高ぶってしまうことでしょう。

周りの人達への配慮や、何か自分にできることで還元させていただきたいという気持ちよりも、私腹を肥やすことに一生懸命になってしまうものです。

さらに言えば、運が悪いと思っている人が失敗をすると、「やっぱり自分は駄目な人間なんだ」と言って失敗を長く引きずってしまう可能性があります。

そして、何か良いことがあっても、次はまた悪いことが起こるに違いないと常に恐怖と不安を抱きながら、たとえ上り調子だったとしても、自分でブレーキをかけてしまうことでしょう。

逆に「**運が良い**」**と思っている人は、自分の人生は幸運に満ちていると、幸運を信じてさらに運気を上げていくことができます。**

自分がここまでやれたのは、周囲の人のおかげなのだから、今度は自分が周りの人や社会や世間に恩返しをしたい。学んだことを惜しげもなく返していこうという報徳《ほうとく》の精神が湧いてくるものだと思います。

自分は一人で生きてきたわけじゃない、ということを知っている証でもあります。

良いことがあれば、それがまた自信となって、さらに運気を上げていくことができます。

松下氏は「一人の目覚めは百人に及び、百人の目覚めは千人に及び、千人の目覚めは社会全体に及ぶ」と、喝破《かっぱ》されました。

「運」は人から人へ伝染していくようです。

「運」を引き寄せ、「運」を上げていく人の信念は深い。そんな「運」の本質を摑《つか》んでいた松下氏が、経営の神様と謳われるのも頷《うなず》けます。

では、「運」を左右する鍵でもある「心持ち」を強くして、その「心持ち」を正しい方向へと整える方法って、何かあるのでしょうか？

ございます。

それは**「徳を積む」**ことです。

『徳』というのは、その時、その場で、自分にできる最善を尽くすことです。自己の最善を他者に尽くしきることで、『徳』を積むことになります。

『徳』を積んでいると、自ずと幸運も舞い込んでくるようになります。

もっと具体的に言えば、出会う人一人一人に、丁寧に心を込めて接していけば、「ありがとう」と感謝されるようになります。

自分が困っている時に、何の見返りも求めず、ソッと手を差し伸べてくださる人が現れます。

お互いに感謝の念で結ばれた人間関係は、自分だけではなくて、実は子孫へと受け継がれていくものです。

つまり、自分のためだけではなくて、後に続く子孫のためにも善行を積み、陰徳《いんとく》を積む日々を過ごしていくことが大切ということになります。

学歴や知識、技術ではなく「人間」というものをしっかり摑んでいた松下幸之助氏。

「良い会社に入れていただいたと思い続けられるかどうか」

働いていると嫌な上司がいたり、意に沿わない仕事をさせられたりして、もう辞めようかと思うことがあります。

それでもなお、自分の選んだ道を前向きに受け止めて、「いい会社に入れていただいた」と思い続けられることが、良い仕事ができる大前提なのだと思います。

松下氏も人を登用する際には才よりも徳をより重視されていたのでしょう。

徳と運は一本の線でつながっていることを覚えておいてください。

あなたの人徳を磨いてまいりましょう。

ネガティブだと「運気」は上がらない？

ネガティブな人は、まだ何も始まっていないのに「もし失敗したらどうしよう？」とか「何か悪いことが起きるんじゃないだろうか？」という不安な気持ちを抱えることが多いものです。

そんな不安な気持ちから「このままではいけない！」「何とかしなきゃ駄目だ」「でも、もし人から嫌われたら……？」と考えれば考えるほど、その焦りが新たな不安を引き寄せてしまうことになって、どんどん負のスパイラルに陥ってしまいます。

そうやって何事もネガティブに捉え過ぎて、自分から全てのものをブロックしてしまいます。

自分を守るためにブロックした代償は計り知れません。

いろんなチャンスを〝ふい〟にすることにもなりましょう。

ポジティブな人は物事を素直に捉えることができます。

そして、**素直な心で物事を捉えて、前向きな気持ちで目の前の物事にトライするので、運気が上がる**のです。

運気を上げて、運気を味方につけた人はチャンスに恵まれます。

チャンスを掴んだ人は、ことを上手く成し遂げる機会に恵まれます。

チャンスを掴み、一歩一歩前進していく人こそが、運気を上げられる人と言えます。

では、ネガティブな人は運気を上げることはできないのでしょうか？

ネガティブな人と一口に言っても、その人の「性格」という場合もございます。

だとしたら、「性格」がネガティブな傾向の方は、一生運気が上がらないのか？と問われたら、その答えは「ＮＯ」です。

ネガティブ思考で、ネガティブな性格の人でも、あることをすれば運気を上げることができます。

運気を上げるにはポイントがあります。

そのポイントとなるものは何か？

それは「意識」です。

意識というのは、私達のこれまでの経験や、性格、あるいは思考から生み出された価値観のようなものです。

誰しも心の中に持っているその意識は、形となってそのまま現実化するものでもあります。

たとえ、もともとの性格がネガティブ傾向であっても、物事を捉える意識がポジティブであれば、その人の言動はポジティブなものになります。

つまり、**運気を上げるための鍵となるのは性格ではなく、〝ポジティブな意識〟**ということなのです。

ポジティブな意識を持っている人は、不安な心が生み出す心の壁を取っ払うことができます。

自分の心を邪魔するブロックが何もないので、運気を引き寄せる力にも恵まれるのです。

世の中には、出したものが返ってくるという【因果応報（いんがおうほう）の真理】が働いています。

ネガティブなマイナス思考から放たれたエネルギーは、同じようにネガティブでマイナスのエネルギーとして、自分に返ってくるのが世の道理です。

それが良いものであれ、悪いものであれ、自分が蒔《ま》いた種は、自分で刈り取らなくてはいけません。

ネガティブ思考だと運気が上がらないから「駄目」という意識が、目の前の現実を本当の意味で駄目にしてしまっている可能性もございます。

例えば「私は結婚願望があるのに、太っているから結婚できないんです。ダイエットを試みてもいつも途中で挫折してしまって、こんな私はやっぱり駄目なんだと思います」という悩みを抱えている人がいらっしゃったとしましょう。

この方は「太っていることが駄目」というふうに考えていますので、この「駄目」という価値観がネガティブな意識を放つ原因になっています。

おまけに「途中で挫折する自分は弱い人間」という考えも、やはりネガティブなマイナス思考です。

でも本当に、結婚できないのは太っているのが原因でしょうか？　世の男性の中には、ふくよかな女性がタイプという人もたくさんおられます。

この女性の場合、結婚を望みつつ、太っている自分を受け入れることができないという意識が、ネガティブな波動エネルギーとなって、自分から結婚相手とのご縁を拒絶なさっているのではないかと思います。

太っているのが「駄目」という意識ではなくて、太っているのは自分の「個性」という意識に転換できれば、素敵なお相手とのご縁に恵まれる可能性が広がると思います。

『思考は現実化する』というナポレオン・ヒルの名著もございますが、まさしくその通りだと思います。

それではネガティブな意識を、ポジティブに転換する方法を二つご紹介したいと思います。

ポジティブな意識に転換する方法

―「ポジティブな言葉を使う」

言葉には『言霊《ことだま》』というエネルギーが宿っています。

ネガティブな『言霊』は、生きるエネルギーを吸い取って、運気を下げてしまいます。逆にポジティブな『言霊』は、運気を上げて、人生を豊かにするエネルギーを宿しています。

自分の発した『言霊』は、その『言霊』に乗ったエネルギーのまま、ブーメランのように戻ってきて、自分の運気を左右することになります。

例えば「最近つまらない」など何気なくネガティブな言葉を口にしているとますます運気を下げてしまいますので、要注意です。

運気を上げるためには、前向きでポジティブな言葉を使うことが大切です。

平穏無事に何事もなく過ごせたのでしたら、その日は退屈だったのではなくて、「今日もおかげさまで、事故もなく、トラブルに巻き込まれることもなく、平和に過ごせて良かった。ありがとうございます」と、感謝の言葉を交えて、ポジティブな言葉を使うように心がけましょう。

仮に「最悪」「無理」「悲しい」「面倒臭い」「嫌い」「もう駄目」などというネガティブな『言霊』ばかり発していると、ネガティブエネルギーとして全部自分に跳ね返ってきます。

そうなると気持ちも沈んで、どんどん運気を下げていくことになりますので、運気を上げるにはこういった言葉は禁句です。

そこで運気を上げるポジティブな『言霊』をご紹介いたします。

「ありがとう」
「嬉しい」
「楽しい」
「幸せ」
「大丈夫」

「絶対にできる」
「ラッキー」
「感謝しています」
などです。

中でも**「ありがとう」という感謝の言葉は、『言霊』最強の一語**と言っても過言ではありません。

私達にとって「言葉」というものは、相手に自分の意思を伝えるばかりではなくて、自分の「人となり」を伝えるものでもあります。

前向きになれる言葉をあえて口に出すのは、確実に運気が上がる最良の方法と言えます。

言葉というのは、それを発する方だけでなく、それを受け取る方にも多大な影響を与えるものでもあります。

二「体を動かす」

「運動」という言葉は、運を動かすと書きます。**体を動かさないと気の巡りや運が滞って運気を下げてしまう**ことになります。

日常で運気を上げる手軽な運動と言えば、お家の掃除です。

体を動かす運気アップと、お部屋がきれいすっきりになることで、物理的にも気の巡りを良くすることができて一石二鳥です。


あなた自身をポジティブ体質に変えて、運気爆上げの日々を過ごしましょう。

運命を左右する「カルマ（業）」

「序章」でも少し触れましたが、ここではさらに詳しく【カルマ（業）】についてご説明したいと思います。

「業」は、一般的には「ぎょう」・「ごう」・「わざ」と読みますが、ここではお釈迦様がお使いになっていた【カルマ】とお読みすることにいたします。

仏教的に解釈すれば、私達が口にするいろんな言葉や様々な思い、そして行ないの全てが【カルマ】となります。

私達の言動には、目には見えない力が働きますので、【業力（ごうりき）】とも言われます。

つまり**【カルマ（業）】は、私達の「思いや行ない」のこと**です。

実は**私達の運命を左右する鍵が、この【カルマ】にある**と言っても過言ではありません。

と言いますのも、自分が発する様々な思いと行ないは、一つずつ魂の記憶として、積み上げられていくものでもあるからです。

自分の言動が前向きポジティブなものであれば、前向きポジティブなものとして、逆に後ろ向きでネガティブなものでしたら、マイナスでネガティブなものとして、自分が出したものが出した通りの結果として、自分の元に返ってきます。

これを【カルマの法則】と言います。

お釈迦様はおっしゃいます。

「私達の人生は、自分のカルマ（業）が原因となって、因果の道理に従って結果を生み出している」

善い行ないは善い運を引き寄せ、悪い行ないは悪い運を引き寄せることになるというわけでございます。

蒔いた種は必ず芽吹いてまいります。

そして、その実った果実を刈り取るのは、紛れもなく自分自身なのです。

あなたの思い、言葉、行動、その全てが一つ残らず【カルマ】となって、そのまま自分に返ってまいります。

【カルマ】は、原因と結果がセットになって立ち現れた、ごく当たり前の現実に過ぎないものと言えます。

私達の人知を超えた真理の法則に従って、今起きていることは、過去に積み上げてきた【カルマ】の結果です。

一つでも多く、幸せの種を蒔けるような日々を過ごしてまいりましょうね。

「自業自得」で運命が生み出される

『自業自得《じごうじとく》』という言葉も一般的に使われる言葉ですが、どちらかと言えばネガティブなイメージを持つ言葉かもしれません。

実際、褒め言葉として使うことはあまりないような気がいたします。

例えば、遊んでいて試験に落ちた人に、「それは自業自得だろう」と言ってみたり、お酒を飲み過ぎて翌朝二日酔いで調子を崩すのは『自業自得』。ダイエット中なのに、お菓子をたくさん食べ過ぎてリバウンドするのは『自業自得』。火遊びをしていた人が火傷をすれば、やはり『自業自得』だと思われるでしょう。

このように普段の会話としても使われる『自業自得』という言葉は、どちらかと言えば失敗した時とか、ネガティブな意味合いで使われることが多いと思います。

ただ、『自業自得』という言葉は本来、ネガティブでもポジティブでも、どちらかに限定される言葉ではございません。

先述いたしましたように、**【カルマ（業）】とは、自らの「思い」と「行ない」のこと**を言います。

そして「全ての結果には必ず原因がある」という【カルマの法則】が働いております。これは一つの真理の法則です。

そしてまた、【自業自得】も真理の言葉であります。

「真理」というのは、いつの時代でも、誰であっても、同じ結果を招くことを言います。

【自業自得】も仏教用語でして、「自分がなした善悪の行為で、自ら苦楽の結果を招き受ける」というのが言葉の真意となります。

「自らの業にて、自ら果を得る」ということです。

つまり、**自分の運命を生み出している原因は、百パーセント自分の行ないにある**ということになります。

仏教では、その人の行為を何よりも大切なものとして考えます。

何か問題が起きたのは、誰かのせいではありません。ましてや神様仏様のせいでもございません。あくまで自分が蒔いた種の結果を受け取っているだけということです。

【自業自得】とは、まさにこのことを言います。

この言葉の意味を分けて考えてみます。

まず「自業」というのは、自分が行なった種蒔きの行為です。そして「自得」とは、種から実った果実を、自ら刈り取るということになります。

この時、「他人責任論」であってはなりません。それではどこまでいっても本当の幸せを味わうことはできないと思います。

あくまで**「自分責任論」で物事を捉えるように**いたしましょう。

「自分責任論」で生きていらっしゃる人は、たとえ自分の望まぬ結果に遭遇《そうぐう》しても、「これは全て、自分の行ないが招いた結果。身から出た錆《さび》」として、その結果を真摯《しんし》に受け止められます。

そして、これまでの自分の行ないを振り返って反省し、自分の悪いところを見直す努力をなさいます。

また、何かを成就したり成功することがあったとしても、驕り高ぶることはなく、浮かれることも決してありません。

あくまで謙虚に、「これも全て両親のおかげ。家族のおかげ。皆さんのおかげ。環境のおかげ」というように、全てに感謝なさいます。

そして、気を引き締め直して、これまで以上に努力精進なさることでしょう。

【自業自得】ということを、本当の意味で知っている人は、逆境に直面した時は反省し、自分を見直されます。

順境にあっては全てに感謝をして、より一層の努力精進に励むという人生を築かれるものでございます。


今、あなたは幸せですか？

それとも、苦境の只中にいらっしゃいますでしょうか？


いずれにいたしましても、【自業自得】という因果の道理に導かれた「今」であることに変わりはありません。

過去に自分が蒔いた原因の種が実って、返ってきているのが「今」です。

そして人生に無駄なことはございません。

過ぎ去った過去を振り返り、反省するからこそ、これから先の「今」に生かすことができるというものです。

たとえマイナスな出来事、あまり良くない種蒔きをしてきた過去があったとしても、反省し改善するからこそ、「今、ここ」にある自分の意識をポジティブな方向へとシフトチェンジすることができます。

あなたの人生は必ず明るい方向へと向かうことができるはずです。

【自業自得】の人生。感謝の日々を過ごしてまいりましょうね。

心が整えば全てが上手くいく
～身口意の三業～

私達は自分の行動を、一体どうやって決めているのでしょうか？

仏教では、私達が行なう振る舞いや行動には三通りあると説かれています。

これを【『身口意の三業（しんくいのさんごう）】と申します。

「業」というのは【自業自得】の「業」と同じく、その人の行ないのことを言います。

三業というのは三つの行為のこと。つまり、【身口意の三業】とは、身体的・言語的・精神的な行動という意味になります。

私達が体で行動することは全て、【身業（しんごう）】となって「運命」を左右する原因に刻み込まれることになります。

そして、口から発する言葉は【口業（くごう）】と言って、やはり身業と同じく運命の原因がつくられます。

そして、心の中で思ったことが【意業（いごう）】として、その人に宿り、運命を決定づけていきます。

心で思ったことは、ただ想像しただけでも、行動として刻まれることになるのです。心の中で思うことが、心の振る舞いや行ないとなります。

つまり、マイナス・ネガティブなことを想像しただけで、あなたの魂にネガティブな原因として、植えつけられることになるということです。


【身口意の三業】の一番最初が「身」ですよね。

それは、私達人間は心で考え、言葉にするよりも何よりも、本能で感じたまま、まずは「体」で反応してしまう本能の生き物であることを意味します。

予定になかったことでも、気持ちが動いて本能の赴《おもむ》くままに、頭で考えるより先に行動していた、なんて経験はございませんか？

そうした心理的な要素に左右されて行動することを「行動原理」と言います。

私達が何かを行なう行動原理の大原則は、自分が「快」と感じるか、「不快」と感じるかという感覚で決めております。

そして、本能で感じる「快な気持ち」を選んで、「不快な気持ち」を回避しようとするものです。

けれども、人間は「社会」という集団の中で生活をしておりますので、心の赴くままに行動する本能の生き物でありながら、社会生活を営むうえで、心の奥底から湧き出す本能を上手にコントロールしながら、理性を働かせて行動しています。

そんな私達人間が持つ能力のことを【智慧（ちえ）】と言います。

では、この【智慧】はどうやって生まれてくるのでしょうか？

それは教養です。

教養というのは、広い知識を身につけることによって養われる心の豊かさや、たしなみのことです。

教養を高めることで、本能を理性でコントロールする【智慧】の純度を上げていくことができます。


そして、実は【身口意の三業】の中で鍵を握るのが、心の行ないとされる「意」なのです。

本能も理性も「心」から生まれます。


つまり、**心で感じたままのことが、言葉になって口をついて出たり、姿形となって、行動に表れる**というわけでございます。

心で思っていることが、口や体によって行為として表現されます。


今現在、心で思っていることが、幸せなことなのか？

不幸な思いに苛《さいな》まれているのか？

ポジティブなのか？　ネガティブなのか？

その心が、これからの運命をつくり上げていく結果に直結しています。

今、心に抱いているその心持ち一つで、その後の人生は幸にも不幸にもなり得ます。

同じ景色を見ても、心持ち一つで、全く違う景色ではないかと見紛《みまが》うほどに異なるものとして、私達の目に映ることでしょう。

「心が整えば全ては上手くいく」というのは、そういうことです。

ポジティブな心持ちで運気を上げて、幸せな人生の歩を進めましょう。

「運」は、必然の結果として巡りくる

「運も実力のうち」というのは、日常的によく使われる諺かと思います。

そして、成功者ほど「自分は運が良かった」とおっしゃいます。

これは謙遜しておっしゃっているのか？

事実そういった「運」による成功はあり得るのか？

基本的には、何もしないで、偶然とも言えるラッキーな「運」だけで成功した人はおられないと思います。

何か一つのことを成し得るには、「努力」と「才能」は必要不可欠な要素と言っても過言ではありません。

ただ、そこに「運」という名の環境と、行動に移せるタイミングが整わなければ努力することもできませんし、才能を発揮することもできません。

そういう意味では、「運」が良くないと物事を成し遂げることはできないのかもしれません。

何もせず待っているだけで、「運」がやってくるなんてことはありません。

「運を味方につける」とも言いますが、**運を味方につけるには、「今、ここ」で、自分ができることは何かないかとアンテナを張り巡らせながら、どんな小さなことでも自分にできることを一つ一つ行なっていくこと**です。そうすることで、運という名のチャンスに恵まれるのだと思います。

そのためには新しいことにも果敢《かかん》に挑んでいくチャレンジ精神も大切です。

成功があれば失敗もありますが、失敗を恐れず挑戦し続ける人に、チャンスの神様は微笑んでくれます。

「運が良い」と思っている人は、いつもアンテナを張り巡らせておりますので、チャンスを逃すことはありません。

チャンスの神様を見逃さないので、結果的に「運を味方につける」ことができる人になれます。

また、「運」というのは、私達の「意思を超越した働き」といった解釈もできます。

仏教では「運」について、どういった解釈をされているのかと申しますと、お釈迦様は【因縁果（いんねんが）の法則・道理】で説明されました。

『原因』というのは、【因縁果の法則】の『因』にあたります。

『因』という字は「たね」とも読みます。植物で言うところの、まさに「種」のようなものです。

種がなければ芽は出ません。花を咲かせ、実をつけるにも、必ず種は必要です。花や実がつくための発端となる、種という原因がなければ、物事は何も始まりません。

『縁』というのは、例えば「環境」などのことです。水はけの良い土壌。ふかふかの土、養分、水分、そして日当たりの良い場所。寒過ぎず暑過ぎない気温。外敵がいないことなどもそうです。

『縁』という環境は、どれ一つ取っても、花を一輪咲かせるのに必要な条件と言えます。

そして、『果』というのは『結果』のことです。植物で言えば果実や花にあたりますよね。

仏教で説かれる**【因縁果の法則】が、「運」の正体**と言えるのではないかと思います。

仏教では、その人の行為を何より重視いたします。

行為のことを「業」と言いますが、私達が身口意で行なう行為が、魂に宿ることを**【宿業（しゅくごう）】**と申します。

【宿業】として刻まれた私達の行為は、【因縁果の法則】に従い、『結果』として表れてきます。

これを【宿業の因縁】と申します。

【宿業の因縁】というのは、前の世での行ないが、今の世に『結果』として表れてくるという考え方です。

仏教で教える前世は、前の世の人生のことを指しているわけですが、確かにちょっと浮世離れしたお話にも聞こえますので、昨日を前世として考えていただければよろしいかと思います。

つまり、**昨日という前世が『原因』で、今日という『結果』になっている**という解釈です。

そして、今日が明日の『原因』となって、迎えた明日が前日の『結果』というように、【因縁果の法則】にあてはまるというわけでございます。

もっと言えば、一秒前は既に過ぎ去った過去。
一秒先は未来です。

「運」を味方につけるのも、チャンスの神様を見逃さないのも、全ての鍵は今現在の「心の置《お》き所《どころ》」にあります。

心に思ったことが『原因』の種をつくって、言葉や行動という『ご縁』になり、幸や不幸を味わう目標成就という『結果』として、また心に戻ってきます。

【因縁果の法則】に従い、「運」は必然の結果として皆平等に、私達の元へ巡りきます。

今現在の「心の置き所」を意識なさり、他のために尽くす善き行ないを実践なさって、一つでも善き種を蒔ける自分でありましょうね。

開運ワーク 1

ポジティブな言葉を使って
"ポジティブな意識"を持つ

運気を上げるポジティブな言霊「ありがとう」「嬉しい」などを
意識的に使ってみましょう（34 ～ 43 ページ参照）。
まずは約 1 カ月続けて、
気づきをメモし、自分の変化に注目してみてください。

1 週目の気づき

2 週目の気づき

3 週目の気づき

4 週目の気づき

5 週目の気づき

第 2 章

今すぐできる超開運術

運気がアップしやすいタイミングはある！

運気というのは、ファッショントレンドや世の中の動向のように、常に動き流れているものです。

運気の流れが変わりやすいタイミングとしては、お正月、新月、満月、節分、お盆といった何かの節目という時期的なものが影響することがあります。

また、自分の生年月日や、星座などによって、運気の流れに影響が出るとする考え方もあります。

確かに、場合によっては二進《にっち》も三進《さっち》もいかない悪い状況にあって、動けなかったり、動かないほうが良いということもあります。今は状況が悪くとも、焦らずに待っていれば、そのうち幸運がやってくることもあります。

あるいは精神的に疲弊し過ぎた時は、全てを癒してくれるという意味で、「時薬《ときぐすり》」や「日《ひ》にち薬《ぐすり》」と言われるように、静観している時間がとても大切なこともあります。

ただし、**運気の流れを良い方向に変えて、運気アップを図るのであれば、何もしないで待っているだけでは、基本的に運気は好転しません。**

何かを得るために何かを失うというのは、人生の道理でもあります。

新しい運気を取り入れるためには、古い運気を排出してスペースを空ける必要があります。

たとえ不運と思えるような大きなトラブルに遭遇したとしても、それが運気が上がる前兆だと分かっていたら、無闇に恐れたり落ち込んだりすることはないと思います。問題の捉え方一つで、心が折れることなく、ここは踏ん張りどころ！と、粘り強く頑張れるのではないでしょうか。

運気がアップするサインに気づく自分でいるためには、日々を漫然と過ごすことなく、常にアンテナを張り巡らせて、何にでも興味を持つといった、前向きな意識と行動が大切です。

そうしたことを踏まえたうえで、運気がアップするタイミングには、具体的にどういったサインが表れるのかをご紹介してまいりたいと思います。

運気がアップしやすいタイミング五選

─「眠気に襲われる」

十分な休息と睡眠が取れているにもかかわらず、眠くて仕方がない時には、人生の転機が訪れている可能性があります。

運気がアップする転機を迎えている時は、強制的に休養を強いられることがあります。今後パワフルに活動するためでもあり、魂が次なる環境に進むための準備をしているサインとして眠気が強くなります。

また、休んでもだるい、疲れが取れないと感じる時も、運気が切り替わるタイミングでもあります。運気が切り替わる時には、普段はかかりにくい病気にかかったり、怪我をするなど、思いがけない体の変化を経験するケースも少なくありません。

というのも、運気が上がって、魂レベルに合った状態へとチューニングしているので、体が思った以上に疲れてしまうからです。入院や手術が必要な病気や不慮の事故に見舞われることもありますが、これまでの運気をリセットし、あなたの価値観や人生観が大きく変わる前触れサインでもあります。

二「悲しい別れを経験する」

ご家族や親しい間柄《あいだがら》にあった人の死、決別を経験した場合にも、運気アップの可能性があります。大きな出会いや喜びと、大きな別れや悲しみは、常に表裏一体です。

転勤や恋人との別れ、死別などを経験した時には悲しみに囚《とら》われてしまうものですが、その後に大きな喜びや運命を変えるような出会いに巡り合える可能性は高いものです。思いがけない出会いに恵まれたり、疎遠だった人との再会が期待できたりもするでしょう。

また、**大切な物が壊れるというのも運気アップのサイン**という可能性があります。これまで大切にしていた物が不意に壊れるのは、新しいステージに行くための脱皮サインなのかもしれません。古い物を、新しい状態に見合った物に入れ替えようというサインでもあります。

三「新しい出会いがある」

運気がアップするタイミングには、友達関係や仕事関係などで新しい出会いに恵まれることがあります。あるいは、しばらく会っていなかった人とばったり再会したり、出会う機会が増えていたりする場合も新しい運気の流れが来ているサインです。

新しい人間関係はあなたに新しい運を呼び込んできます。逆に、古い人間関係と疎遠になる時も、運気が好転していくタイミングである可能性があります。

四「今までと考え方が変わる」

運気の転換期が訪れている時には、外見や内面が変化することがあります。**今までとは物事の捉え方が変わったりする時には、新しい運気の流れがやってきている**可能性がございますので、自然な形で今まで持っていたこだわりが薄れてきた場合、運気がアップするサインと言えるでしょう。

五「物事が上手くいかない」

仕事や私生活で悪いことが立て続けに起こったり、物事が停滞している時も、転換期を迎えているサインです。**これまでのやり方を変えるなり、試行錯誤することと自体が、運気をアップさせる**ことにつながっていきます。そうこうしているうちに、停滞していた問題も上手くことが進んでいる事実に気づけるかもしれません。

どんな辛い状況でも笑顔を忘れずに過ごしていると、笑顔に似合った喜ばしい出来事がやってきます。

たとえ失敗したり、上手くいかない状況が続いていたとしても「きっと上手くいく」、どんな困難も全ては幸せまでの過程で自分に必要なことなのだと信じる意識も、転換期に運気をアップさせるためには大切なことです。

神様仏様とのご縁を深めて運気を上げる

「ハレとケ」という言葉をお聞きになったことはございますか？　この言葉には日本の生活文化や、日本人特有の考え方が込められています。

「ハレ」というのは、神様仏様をお祀《まつ》りする神社仏閣で執り行なうご祭礼、お正月、お盆、七五三などの節目、冠婚葬祭などの儀礼といった非日常のことで、「ケ」というのは日常のことを言います。

「ハレとケ」はワンセットでありながらも、古来日本人は、「ハレ」と「ケ」を明確に区別して、「ハレ」の吉日には特別な料理を用意し、人生に彩りをつけてきました。

「ハレの日文化」の中心には、八百万《やおよろず》の神々を祀り、ご先祖様の魂に合掌する神社やお寺の存在があります。

人生で経験する良いことも悪いことも、全ては神様仏様のおかげ、自分に命をつないでくださったご先祖様のおかげという、感謝の気持ちを改めて強く持ちましょうという日が、「ハレ」の吉日ということになります。

そうした思いを手向《たむ》ける年中行事を終えた後の清々しさや、晴れやかさが、まさに「ハレ」と言われる所以《ゆえん》です。

「ハレ」の吉日に似た良き日として、神社仏閣には『ご縁日』と呼ばれる日もございます。

『ご縁日』というのは、読んで字のごとく「ご縁がある日」のことを言います。

つまり、**神様や仏様と私達のご縁が結ばれる吉日**です。

『ご縁日』に様々な食べ物や金魚すくいなどの屋台が軒を連ねて、賑やかに開催されるのは、より多くの人と神様仏様のご縁が結ばれるように！との願いが込められてのことなのですよ。

そんな『ご縁日』というのはいつなのかと申しますと、実は毎日日替わりで様々な神様や仏様の『ご縁日』が選定されています。

一カ月三十日間を、日替わりでご守護くださる「三十番神《さんじゅうばんじん》」と総称される、日本の八百万の神々のうちの三十柱の神道系神様。

また、この三十番神とは別に「三十日秘仏《さんじゅうにちひぶつ》」と総称される、仏教を代表する仏様がいらっしゃいます。

同じ三十日間を日割りで三十柱ずつ選定された神様や仏様なのですが、そこに祀られる対象が全て異なります。

日本で仏教が始まったのが天台宗比叡山です。比叡山と言えば、後に各宗派の開祖となった僧侶が修行研鑽なさったお山です。そこは仏教宗派でありながら神道系の「三十番神」が祀られています。そうした歴史的事実もあり、私が副住職を務める真成寺にも「三十番神」をお祀りしております。

真成寺は日蓮宗ではあるのですが、違う宗派の方も「三十番神」を信仰なさり、神様仏様とご縁ある方がさらにご縁を深めさせていただこうと、毎日参拝しておられます。

神社仏閣に祀られる毎月一～三十日に割り当てられた三十柱の神様仏様が担当なさる日が、それぞれの『ご縁日』ということになりますので、あなたが信仰心を抱いている神様や仏様のお日にちに、その神様仏様が祀られている寺社へ参詣し、感謝の気持ちを手向けることで、普段以上のご利益が授かれます。

ご利益を授かれることで運気を上げて、心願が成就し、あなたは開運へと導かれます。

神様や仏様とご縁を結ばれる何よりの開運アクションは、神様仏様の存在を心から信じる敬虔《けいけん》な気持ちを抱くことです。そんな敬虔な気持ちを大切に、神様仏様が祀られている寺社へご参拝になり、感謝の念を手向けることです。

それぞれの神様や仏様の『ご縁日』は月に一度です。

特に全国の寺社で執り行なわれている『ご縁日』のお参りには、ご家庭で信仰なさっている宗派を問わず、どなた様でも思いを手向けるご参拝をしていただければ幸いです。

お寺や神社に参拝して開運する

本来、神社仏閣というのは、神様仏様の功徳が宿るパワースポットです。

参拝することで、抱えていたストレスや厄を落とし、明日への活力をいただける、まさに聖域と言えます。

『お寺』は、仏様が悟られた真理に気づかされる場であり、真理の教えを通して仏様と一体になれる空間です。

また『神社』は読んで字のごとく、神様が棲《す》まう場所です。

お寺も神社も神聖なパワースポットだと分かれば、**敬虔な気持ちと感謝の気持ちを抱いて参拝し、神様仏様のお力をたまわりに行く**しかないですよね。

神社の鳥居や、お寺の山門を潜《くぐ》って境内に入り、俗界とは違う神聖な空間に身を置くだけで、身心のデトックスとなり、開運へと導いていけるものと思います。

そこで、神様仏様にお力を授かり、開運するための正しい参拝方法について解説いたします。

開運するための正しい参拝方法
―「鳥居や山門を潜る前に身なりを整えて一礼をする！」

神社の入り口には「鳥居」、お寺には「山門」が建立されています。どちらも同じ意味合いを持っておりまして、神様仏様の御霊《みたま》が宿る聖域と外界とを分ける敷居の役割がございます。鳥居より先の参道は神々が降臨なさる神域です。山門から先は仏様が棲まわれる仏国土です。

鳥居あるいは山門の前では、できるだけ左端に寄って立ちます。帽子などを取り、身なりを整えたら深呼吸をしましょう。心を落ち着かせてから「これから聖域に足を踏み入れさせていただきます」という敬虔なお気持ちで、頭を下げて深々と一礼します。

この時、神社とお寺で、ご挨拶の所作が異なります。

神社でのご挨拶は、両手を両脚の横にぴたっとつけて、しっかり指先を伸ばした姿勢で頭を下げます。

お寺の場合は、胸の前で両手の平を合わせて合掌した姿勢で一礼いたします。

また、鳥居や山門を潜る時は敷居を踏まず、「左進右退《さしんうたい》」という所作で、左足から境内に入ります。ちなみに、聖域から俗界に出るお帰りの際は、この足が逆になります。

寺社によっては、女性は右足から、男性は左足から境内に入るというように、性別によって入る足が異なると言われる場合もあるようですが、基本的には左進右退の所作を心がけていただければ間違いございません。

二「参道の真ん中を通らない！」

参道は基本的に左側通行です（ただし、伊勢神宮の内宮など右側通行の寺社もございます）。その理由は、左が上位で神聖とされているからです。

また、参道の中央は「正中《せいちゅう》」と言って神様仏様の通り道ですから、中央を横切るようなことも控えましょう。仮に「正中」を横切る際は、中央で神前に向き直って一礼してから横切るなり、敬意を表しましょう。

三「手水をする！」

古来、水には罪や穢《けが》れを祓い落とす力があると伝えられています。**神様仏様に参拝させていただく前に、参道に設置してある「手水舎《てみずや》」に必ず立ち寄って、穢れを落として、心身を浄めてからご挨拶にまいりましょう。**

手水舎の所作は、神社もお寺も同じです。

一礼をしてから手と口を浄めます。右手に柄杓《ひしゃく》を持って、左手を水で浄めたら持ち替えて右手、左手に水を受けて口、再び左手、そして柄杓の柄の手順で浄めていきましょう。

この一連の動作を、最初に汲んだ一杯の水で行ないます。

なお、手水舎がなかったり、コロナ渦の影響などで手水舎に水が入っていない場合は、除菌ウェットティッシュや携帯用の除菌スプレーなどで手を浄められるとよいでしょう。

四「お賽銭は丁寧に入れる」

ついやってしまいがちなのですが、**お賽銭を投げ入れる行為はNG**です！

お賽銭というのはもともと、海の幸や山の幸を神様仏様にお供《そな》えしていたのが起源とされます。貨幣の普及と共に、お金も供えるようになりました。それが転じて、現在のお賽銭文化として定着しました。そう考えると、お供え物を投げ入れるなんてことは、神様仏様に対して大変不敬な行為となります。

真心を込めて、感謝の気持ちで賽銭箱にそーっと丁重にお供えするよう心がけましょうね。

五「柏手を打つ神社。静かに合掌するお寺」

神社とお寺では、神様仏様にご挨拶する所作が若干異なります。

拝殿または本殿にてお賽銭を神様仏様に捧げ、鰐口《わにぐち》や鈴、鐘があれば鳴らします。ここまでは寺社共に同じです。

この後、お寺と神社で参拝所作に大きな違いがあります。それは柏手《かしわで》の有無、手を叩くか否かです。

『神社』では、「二拝（礼）二拍手一拝（礼）」が基本の参拝方法です。

腰を九十度に深く折ってお辞儀を二回した後、気持ちを静かに落ち着かせたら胸の前で二回柏手を打ちます。この時、右手を少し下にズラすのがポイントです。古代から続く神道では、左手が神様、右手が私達という考え方がございまして、右手を第一関節くらい下にズラすことによって、一歩下がって神様を讃える敬虔な気持ちを表現しています。

柏手を打った手を合わせたままお祈りします。住所や氏名を一緒に添えて、お伝えすることが大切です。願い事などの祈りを捧げられたら、お礼の気持ちを込めて、最後に深くお辞儀をしてから拝殿を離れましょう。

『お寺』では柏手は打ちません。手を叩かずに胸の前で静かに合掌して祈ります。合掌は仏教の世界から伝わった礼拝方法で、右手は仏様を、左手は衆生（生きとし生ける全てのもの）を表すとされ、両手が一つに合わさることで、仏様と私達が一体となり、成仏を願い、成仏を目指すという気持ちを表しているとされます。

なお、手を合わせる時に音を立ててはいけません。そして祈りを捧げ終えたら、最後に一礼してから退きましょう。

お帰りの際も同じく、境内の参道は左側通行で移動し、鳥居や山門を潜る手前で、拝殿や御堂のほうへ振り返り、深く一礼をしてから右足から先に潜り出ましょう。

六「おみくじは持ち帰る」

神社仏閣と言えば「おみくじ」がございます。

おみくじを結ぶための場所まで設置してある寺社もございますが、**開運するための一番の方法は、ご自宅へ大切に持ち帰り、ときどき読み返すこと**です。

おみくじというのは、クジ引きのように単純に吉凶を判断するものじゃないんですね。書いてある内容が大事なんです。なぜならその内容は、神様仏様から自分へ向けた助言だからです。

その「ご助言」を自分なりに汲み取って、その後の、人生の指針として役立てていくためのメッセージですからね。間違っても境内のご神木に結びつけるなんてNG行為はしないで、大切に持ち帰りましょうね。

七「運気の上がる時間に参拝する」

寺社参拝で運気が上がるベストタイムは、日の出の五時半頃から遅くとも十四時頃までです。

理由はズバリ！お日様の出ている時間帯だからです。寺社でのパワーは、日の出と同時に湧き出してきて、日の入りと共に落ちていきます。

太陽が真上にある時間帯が十二～十四時頃ですので、遅くともその時間までに参拝できれば、神様仏様やその寺社の土地に宿るパワーを頂戴することができます。

逆にそれ以降だと、生気が少しずつ落ちてしまいます。

早朝など参拝者があまりおられない時間帯に行かれれば、神聖な空気の中に宿る、そのお力をたまわりやすくなります。

龍神様とのご縁を深めて開運する

『龍神様』は水の神様であり、日本では自然霊最強の霊格という存在です。

ご利益は、金運・仕事運・人間関係運など多岐にわたりますが、何よりも、**龍神様に守られることで精神的な気の流れが変わり、仕事が上手くいったり、心が安定して人間関係が良好になったり、ものすごいスピードで自分の持てる実力以上の結果へと導かれる**など、人生の流れががらっと変わります。

龍神様に守られている人の特徴の一つに、雨男雨女というのがあります。

例えば、心地の良い風が吹き渡るような良いお天気の日に、寺社参拝で境内に足を踏み入れた瞬間、突風のような風と共に雨が降り、虹が顔を出すようなことがあれば、それは龍神様が側で見守られて、あなたを応援してくださっているサインかもしれませんよ。

また、「数霊《かずだま》」という言葉を聞いたことはございますか？「言霊」は言葉に力が宿ることですが、「数霊」は数に力が宿るということです。

数字の中で「八」という数字は、龍神様の数字と言われています。

「八」という数字は末広がりで、「8」を横にすれば無限（∞）になります。無限の宇宙で尽きない豊かさと恩恵を意味しておりまして、力が満ち溢れた**「八」の続き数字であるゾロ目や、エンジェルナンバーなどを見かけたら、龍神様がご守護くださっている縁起の良いサイン**として受け止めましょうね。

そんな龍神様とご縁を深め、見守っていただける人になるための方法を四つご紹介いたします。

―「人間力を高める」

龍神様は好き嫌いがはっきりされていて、その人の人格を見極めておられます。

「身なりを清潔に整えている。悪口を言わない。嘘をつかない。思いやりの心を持ち、感謝の気持ちを大切になさっている人」を、龍神様はご守護くださいます。

二「行動力を持つ」

あまり悩み過ぎず、心の赴くままに行動に移すようにしましょう。自分の心が、求めるものを引き寄せてきます。

いつもより少し早起きして「おはよう」という元気の良い挨拶から一日をスタートさせてみるとか、ご縁ある人に「ありがとう」の言葉と共に、深い感謝の念を抱いてみるとか、**良いと思うことはどんな小さなことでも実際に行動に移すことが、龍神様に守られる人になるための絶対条件**です。

行動力を身につけるためには、一つのことをやり遂げる強い意志と覚悟が必要です。新しいことにチャレンジしていくあなたのことを、龍神様は見守り応援してくださいます。

三「自然を大切にする」

花や土の香り。そよ風の匂い。天空に流れる雲の様子。**生き物や植物の命、大自然の空気を大切にして、味わうことのできる人は龍神様に見守られます。**忙《せわ》しない日々の中、ほんの二、三分だけでも、大自然へ意識を向ける時間を取られることをおすすめいたします。

四「龍神様が祀られる寺社へ参拝に行く」

龍神様がお祀りされている寺社は全国に数多くあります。**日頃から龍神様がお祀りされている寺社に参拝していると、龍神様と波長を合わせやすい状態になってパワーを授けていただきやすくなります。**龍神様は、常に「あなたの今」を見てくださり、私達の成長を望んでおられます。龍神様にご縁のある寺社に足を運ぶことで、必ず龍神様からのご加護をたまわれるはずです。

今から意識を新たに行動していただければ、きっと龍神様のご守護をいただけることでしょう。

守護霊とのご縁を深めて開運する

『守護霊《しゅごれい》』という言葉を耳にしたことはございますか？

守護霊というのは、あなたを見守り、あなたの人生にとって必要なご縁へと導いてくださったり、大切な経験をさせてくださる霊的な存在です。

「守護」と言うくらいですから読んで字のごとく、自分を守ってくださる存在であることは間違いありません。

ただ、**守護霊の一番の目的はその人の魂レベルを上げること**でもあります。

そういう意味では、人生の苦難や困難の壁を、あえて経験させるように仕向けられることもあります。時には慈しみの心で見守られ、時には心を鬼にして過酷な状況を私達に与えられます。

そんな守護霊は誰にでもついておられます。そして、あなたの人生を通して、魂の成長のために必要なサポートをしてくださっています。


一口に守護霊と申しましても、大きく分けて四種類ございます。

主護霊・指導霊・支配霊・補助霊で、それぞれの役割を担っておられます。

「主護霊」は、私達がこの世に誕生した時から、天寿を全うするまで、いつも側で見守り導いてくださっている守護霊の主となる役割を担っておられます。

「指導霊」は、職業や趣味などの経験を通して、自分に具《そな》わっている才能を伸ばしてくださいます。ちなみに指導霊は固定ではありません。職業や趣味が変わった時などに、その時の自分の状態に相応《ふさわ》しい存在に入れ代わって、見守っていてくださいます。

「支配霊」は、人とのご縁を結んだり、引っ越しなどで変化した環境の中、進むべき方向を調整してくださいます。

「補助霊」は、主護霊・指導霊・支配霊の役割を、補助する形で見守ってくださっています。

このように**私達の魂レベルを上げるサポートを務めてくださっている守護霊とのご縁を深めることで、より良い運命に導かれる**ようになります。

その方法をご紹介いたします。

まず、**守護霊に好かれる人の特徴はと言えば、素直な心で、何事にも前向きポジティブ。愚痴や不平不満を口にすることもなく、「ありがとう」の言葉と共に感謝の気持ちを忘れません。**

ご先祖様を大切にし、周りのご縁ある人へは喜んで利他的な行動ができる人。

こういう人は、魂レベルを上げるための試練やチャンスを、守護霊にどんどん与えてもらえます。

具体的なアクションは、何も難しいことはありません。

―「親先祖を念い、お仏壇や墓前で手を合わせる」

命をつないでくださったご先祖様に感謝の気持ちを手向けること。

二「人は一人で生きているわけではないということを自覚する」
触れ合う人には笑顔で接し、謙虚な気持ちで人の幸せを願えること。

三「大自然の命に感謝し、自分の命の重みを噛み締める」

他の命をいただいて自分の命がある。

動植物の命を育んでいる大自然に感謝し、生き物の命を大切にすること。


この三つのアクションは、どれもかけがえのない命のありがたみに、感謝の心を抱くことで共通しています。

当たり前のことなんて何もありません。

人生で経験する全てのことに感謝の心を抱けるあなたの側で、いつも守護霊が見守っておられますよ。

ご先祖様とのご縁を深めて開運する

ご先祖様というのは、自分に命のバトンを代々つなげてくださった、命の源の方々のことです。

そうした今は亡き大切なご先祖様は、死してなお、私達子孫のことを見守り、導いてくださっているものです。何か困ったり迷ったりしている時に、自分にとって必要な道しるべを人生の課題という形で示してくださったり、あるいは危機から救ってくださるなんてこともございます。

神様仏様をはじめ守護霊としてのご先祖様は、「大難《だいなん》は小難《しょうなん》に、小難は無難《ぶなん》に」と、いつも見守ってくださっておられます。

私達は目には見えない存在に対して、いつも感謝の念を捧げていきたいものです。

ここでは、ご先祖様がメッセージを送ってきてくださっている時の合図と、そうしたサインに気づいた時の受け止め方についてお伝えいたします。

ご先祖様からのメッセージとサインの受け止め方

―「事故に遭っても無傷」→自分を振り返るきっかけ

例えば、トラックにはねられる大事故に遭ったにもかかわらず、かすり傷程度だったり、無傷だったり。あるいは間一髪のところで事故を回避できたということがあれば、それはご先祖様から守られた証拠だと思います。

たとえ**不慮の事故が起きたとしても、最悪な事態にならないのがご先祖様に守っていただけた証**だと思って受け止めましょう。

そして、こうしたメッセージには、「最近ちょっと無理し過ぎているから、自分を振り返りつつ、ちゃんと休む時間をつくりましょうね」といったサインが込められています。

事故に遭遇した、あるいはしそうになった場合は、自分自身を振り返る機会を与えてもらったと思って、前向きに受け止めつつ、普段の生活を見直すきっかけになさってみてはいかがでしょうか。

今以上に前進するための、人生の節目を迎えていらっしゃるのかもしれませんよ。

二「困難や試練が訪れる」→魂レベルを上げ、より人間力を養うため

守護霊たるご先祖様は、あえて私達に大変な思いを経験させるような試練を用意されることがあります。それはあなたの成長を願ってのことです。

困難や試練があるからこそ、私達は人間力を磨くことができますし、ひいては魂レベルを上げて魅力的な人へと成長することができます。

それに心配は無用です。**私達の魂磨きのためにご用意くださった困難や試練というのは、あなたの魂レベルに応じて、あなたが自分で解決できる問題**だからです。ちょっと背伸びしたくらいの問題課題をご用意してくださいます。

とは言っても、簡単な問題ではないでしょうし、「どうして自分ばかり……」と思ってしまうこともあるかもしれません。でも、そうした葛藤も含めて、ご先祖様があなたの成長を後押ししてくださっている証として受け止めましょう。

今のあなたに必要な試練が与えられているはずですから、前向きな気持ちでご先祖様からのメッセージを受け止めましょう。そうした前向きな気持ちが、人生の困難や試練を解決へと向かわせてくれるはずです。

三「頭から離れない言葉やおみくじに書かれた言葉」→問題解決のヒント

CMや雑誌のキャッチコピーが頭から離れなかったり、寺社で引いたおみくじの言葉が気になるなどの時は、**ご先祖様が文字を使ってあなたにメッセージを送ってくださっている**場合があります。

例えば「本当に大切なものの中には、お金で買えない価値がある」といったキャッチコピーが目に留まったとしましょう。実は、その言葉のメッセージが、あなたへ向けたご先祖様からのメッセージであるという可能性が高いです。

それらの**メッセージを反芻《はんすう》しながら、問題解決のヒントを見出して**まいりましょうね。

私達は神様仏様をはじめ、守護霊たるご先祖様に見守られながら、価値のある日々を生かされております。
そんなご先祖様に感謝の合掌をさせていただくことで、ご先祖様と命のつながりを深めることができます。自分に命をつないで導いてくださっているご先祖様に感謝の念を手向けることを「先祖供養」と申します。

ご先祖様へ手向ける真心からの祈りは、しっかりご先祖様へ届くはずです。そして、私達の念《おも》いを受け取ってくださったご先祖様は、また私達へメッセージを届けてくださいます。そうやって私達の人生がより良い方向に運ばれるようになります。

ご先祖様とのご縁を深めながら、ご縁ある周囲の人に感謝できる日々に、豊かな人生を築く鍵があります。
さぁ、「命に合掌」しましょう。

前世のカルマ（業）を意識して開運する

前世を知ることで、自分自身の使命やこの世での目標を知ることができると言われています。

【カルマ（業）】については、44ページでご説明しておりますが、分かりやすく言うと、前世から引き継がれた宿題のようなものです。仏教的には前世の【カルマ】を課題として、現世の命を生きているということになります。

私達の肉体は前世を覚えていなくても、魂が覚えていることがあります。

初めて触れる物、初めて訪れた場所なのに、なぜか強く惹かれるのは、前世からの懐かしい記憶を思い出しているからなのかもしれません。

だとしたら、魂が懐かしく感じたり、無性に惹かれるものに意識を向ければ、前世を生きた魂の記憶に刻まれた【カルマ】を知ることができるかもしれません。そして、**前世からの【カルマ】を知れば、今世での生きる目的に気がつくことができる**かもしれません。

例えば、ある風景画を見た瞬間に、心を鷲掴みにされたとしましょう。その風景は、未《いま》だかつて行ったこともなければ、聞いたこともない場所にもかかわらず、懐かしさで自然と涙が溢れ出てきたとか、なぜか強く惹かれてしまうという時は、魂に刻まれた前世の記憶を思い出したのかもしれません。そういう時は、その風景画に描かれた場所を実際に訪れてみることをおすすめいたします。

前世の記憶が自分を招いてくれていたことに気づけるかもしれません。

あるいはイメージ画で、実在しない場所に心動かされるようなことがあれば、モチーフになっている場所に赴いてみるのもよろしいかと思います。

その場所で、今世で行なうべき何かのヒントに気づけるのかもしれません。

何かを見て懐かしい思いに駆られて「どうしてもここへ行きたい」と、あなたの魂が感じる何かがあった場合は、ぜひその場所に行ってみましょう。
「どうしてもこれをやってみたい。チャレンジしたい」というふうに感じたら、ぜひチャレンジしてみましょう。
無性に抑えられない感情が湧いてきた時は、あなたの魂のルーツに触れたからなのだと思います。**前世で成し遂げられなかった【カルマ】が、今世での使命を伝えている**のかもしれません。

前世の【カルマ】を知るという行為は、単なる興味本位ではなく、今世ではどう生きていくのか、どんな魂の課題を持って生まれてきたのかという、魂の使命に気づくための方法でもあると言えましょう。

心が感じるまま、素直に行動を起こし、**あなたが一歩踏み出せば、そこは、あなたの運気を上げて開運する今世での道になる**と言っても過言ではないでしょう。

盛り塩で開運する

『盛り塩』の歴史は古く、私達日本人の生活に根づいていますよね。道を歩いていると玄関先に盛り塩が置いてあるお家を見かけたり、小料理屋の店先でも見かけることがございます。

なぜ玄関先に盛り塩を置くのでしょうか？　それは、**塩には穢れを祓い、日々安寧《あんねい》に暮らせるためのパワーが宿っている**からです。

塩と一口に言っても、味塩では意味がありません。盛り塩をするなら粗塩《あらしお》でなければいけないのです。粗塩にも海塩《かいえん》・湖塩《こえん》・岩塩《がんえん》などいろいろな種類がありますが、最もパワーを秘めているのが海水を煮詰めてつくった「海塩」です。

そもそも、粗塩が穢れを祓い浄めるようになったのは、日本の神話『古事記』に由来します。イザナギノミコトが黄泉《よみ》の国からこの世に戻られた時に、海水に浸かって、穢れを祓い浄められたという神話です。海で禊《みそぎ》をなさって、穢れを祓われたように、海水由来の粗塩には、穢れを祓い浄めるパワーが宿っているとして、今日に伝えられてきました。

そんな**海水由来の粗塩でつくる盛り塩には、特別なパワーが宿り、邪気を祓っては、私達の運気を上げてくれる**といった効果もあります。

お寺や神社のご祭礼やご祈祷をする時のお供え物としても、粗塩は欠かせません。地鎮祭《じちんさい》では土地の四方に粗塩をまいて土地を浄めたり、木の伐採や井戸を埋める際にも粗塩をまいて穢れを祓ったりいたします。

お家の玄関先に盛り塩を供えて、悪いものが入ってこないように邪気祓いをしたり、お家の中に盛り塩を供えれば、家族の気を整えて幸運を招きますし、お店の店先などに供えれば商売繁盛を願い、千客万来お客様を呼び込むことができるスピリチュアルアイテムの代名詞的存在でもあります。

では実際に、盛り塩をお家に設置する場合、どこが良いのかと申しますと、なんと言っても、**人の出入りがある「玄関」をはじめ、「台所」「お手洗い」「洗面所」「浴室」などの、水場がおすすめ**です。

玄関に供えれば、外から入る悪い運気を寄せつけず祓い浄めてくれますし、台所は水と火という対照的な二つの気のバランスが整い、そこで食事をいただけば最適なパワーチャージが期待できます。

お手洗いや洗面所などの水場に置けば、家族の健康運を高めてくれます。

あるいは、勉強部屋や作業場に供えると、能率が上がって勉強や作業が捗《はかど》ります。

いずれの場所でも、**お家の中に盛り塩を設置すれば、家族の運気をアップさせることができる**でしょう。

また、盛り塩を設置する方角によっても効果が変わってまいります。

お家の中心から見て、北東の表鬼門《おもてきもん》に盛り塩をすると、そこから入る邪気が祓い除けられ、表鬼門の対角にあたる南西の裏鬼門《うらきもん》に盛り塩をすると、家の中に漂う邪気や低迷した運気を排出してくれます。

東西南北それぞれの方角にも意味がございます。東に置けば仕事運、西は金運、南は才能運、北は健康運が上昇するとされています。

あなたの目的に適した方角や場所にお供えしていただくとよろしいかと思います。


盛り塩以外にも、塩の秘めたるパワーを利用した様々な邪気祓い、浄化方法がございます。

例えば「自祓《じばら》い」と申しまして、**なんだか嫌な雰囲気だなぁと感じる空間や、体が重だるいなぁなどと感じたら、粗塩を自分の背後に左・右・左とまいて邪気祓いする方法**があります。

お風呂の浴槽に粗塩を混ぜ込んで、半身浴で二十〜三十分じっくり湯船に浸かって、**全身を浄める「塩風呂」**という方法もございます。

『盛り塩』をはじめとする粗塩パワーでどんどん幸運気を引き寄せましょう。

風水で開運する

『風水』は、古代中国発祥の環境哲学という学問の一つで、より良い暮らしをするための先人の知恵として受け継がれてきた教えです。

日本では古来、お家の隆盛や運を判別する「家相《かそう》」という考え方がありましたが、中国から伝来した風水という学問と、日本古来の家相という考え方が合わさって、いわゆる『風水』として一般的に広まりました。

『風水』は、自然界の水や木や土などが持つパワーバランスを考え、我々人間が大自然の中で共存していくために、「気」の流れを考えて、生活環境を整える大切さを教えてくれています。

「気」というのは、目に見えない自然のエネルギーのことで、「陽の気」と「陰の気」があるとして分けて考えます。そして、全てのものは「陰」と「陽」

の二つのエネルギーがバランスを維持することで、平穏が保たれると考えます。

簡単に言えば、**「悪い気」を取り除いて、「良い気」を取り込むことが、より良い環境づくりにつながり、開運していくことができる**というわけです。

ただしこれは、どちらが悪い気というわけではなくて、陰陽という二つの「気」のバランスが取れていることが、何より大切であると考えます。

また、風水の源である「陰陽《いんよう》五《ご》行説《ぎょうせつ》」では全てのものが、木《もく》（恋愛運）・火《か》（才能運・美容運）・土《ど》（家庭運・仕事運）・金《こん》（金運）・水《すい》（健康運）の五行から成り立つとされており、五行はそれぞれに影響し合う関係性にあります。

おまけに相性の良い「相生《そうじょう》」の関係と、相性が悪く相反する「相剋《そうこく》」の関係があるとされています。そうしたお互いの関係性を知り、**五行の「気」のバランスを整えることで、私達の運気にも影響がある**と教えられています。

さて、そんな風水で開運するアイテムを三つ、ご紹介させていただきます。

一「鏡」：玄関に置いて運気をアップ

風水的に強力な開運アイテムと言えば鏡です。

「火」の運気を持つ鏡を、陰の強い場所に置くことで悪い気を跳ね返し、良い運気を引き寄せます。

おすすめの場所は、気の出入りがある玄関です。仕事運を上げたい場合は、玄関を入って右側に、金運を上げたい場合は玄関を入って左側に鏡を設置しましょう。玄関正面に鏡を飾ると、良い気も跳ね返してしまうので注意してください。

せっかくなら鏡の形にもこだわってみましょう。金運アップに効果的なのは八角形。仕事運や対人運に効果的なのは楕円形です。

二「観葉植物」：調和の取れた良い気を巡らす

観葉植物を飾れば、調和の取れた良い気が家の中に循環するようになります。

サイズに関係なく、どんな植物も良い気を巡らせる力を持っています。

鉢周りをきれいに保ちつつ、枯れた葉は取り除いてあげましょう。玄関やリビングなど、運気を上げたい場所に観葉植物を取り入れてみてくださいね。

三「絵画」：方位に合わせたテーマやカラーを選ぶと運気アップ

絵画を取り入れるのもおすすめです。

風水では、方位によって気の種類や運気を上げるカラーが決まっていると考えます。**運気を上げたい方位に合ったテーマやカラーを取り入れることで、幸運を引き寄せられる**のです。

東は若さを象徴する方位で、おすすめカラーは青や水色の絵です。花・樹木・水といったモチーフの絵を選ぶと良いでしょう。

西は金運や恋愛運を司る方位で、おすすめカラーはピンクやイエローの絵です。人や動物の集まり、黄色い花といったモチーフの絵がおすすめです。

南は知性や美を司る方位で、おすすめカラーは黄緑の絵です。炎・太陽・花・樹木といったモチーフの絵がおすすめです。

北は恋愛運や金運を司る水の方位で、おすすめカラーはピンクやアイボリーの絵です。水辺の風景画や魚といったモチーフの絵がおすすめです。

南東は木の気を持った発展を促す方位で、おすすめカラーは黄緑・オレンジの絵です。花・樹木モチーフの絵、水辺の風景画などがおすすめです。

南西は裏鬼門で土の方位。おすすめカラーは若草色・ライトイエローの絵です。炎・太陽・花・樹木といったモチーフの絵がおすすめです。

北西は出世運や事業運を司る金の方位で、おすすめカラーはベージュ・クリーム色・淡いピンクの絵です。人や動物の集まり、黄色い花といったモチーフの絵がおすすめです。

北東は表鬼門で貯蓄運を司る土の方位。おすすめカラーは黄色・ベージュ・赤の絵です。水辺の風景画や魚といったモチーフの絵がおすすめです。


良い気を引き寄せ家中に循環させるためには、開運アイテムの方位や設置場所も大切なポイントとなります。

物の置き場や家の間取りは簡単に変えられませんが、こうした風水インテリアを取り入れながら、運気を巡らす工夫をなさってみてくださいね。

方位で開運する

私達にとって毎日の「睡眠」は欠かせませんが、この**「睡眠」と「方位」を掛け合わせれば、計り知れない開運効果を得られる**方法があることをご存じでしょうか。

私達は睡眠中に、悪い気を吐き出し、良い気を吸収しています。

同じ睡眠を取るなら快眠したいもの。ぐっすり眠るための一番のポイントとなるのが、実は「枕」と「方位」なのですよ。

枕の方位と言えば、頭を北に向けて『北枕』で寝るのは、縁起が悪いからしてはいけないと言われることがあります。

北枕がなぜいけないのかと申しますと、お釈迦様が北枕でお亡くなりになったという言い伝えに由来します。日本でも故人の魂が迷うことなく無事に成仏できますように！と願い、死者をあえて北枕で寝かせたことから、死者を連想させて縁起が悪いと言われるようになったそうです。

実際に、『北枕』は縁起が悪いのでしょうか？

実は八方位（東、西、南、北、北東、北西、南東、南西）の中でも一番縁起の良い方角と言えるのです。

「気」というのは、北から南に流れるとされておりまして、**『北枕』で就寝すると、眠っている間に良い気をたくさん取り入れて、明日へのパワーチャージがしっかりなされる**と言われる、一番おすすめの方位と言えるのです。

もちろん北枕以外の全ての方位でも、様々な運気に恵まれます。

UP⇧
運気
金運
仕事運
健康運
恋愛運

「北枕」は金運・健康運・子宝運。
「北東枕」は不動産運。
「東枕」は仕事運・健康運・勉強運。
「南東枕」は対人運・恋愛運・商売運。
「南枕」は才能運・美容運・家庭運。
「南西枕」は結婚運・子宝運・安定運。
「西枕」は金運・恋愛運。
「北西枕」は勝負運・出世運。

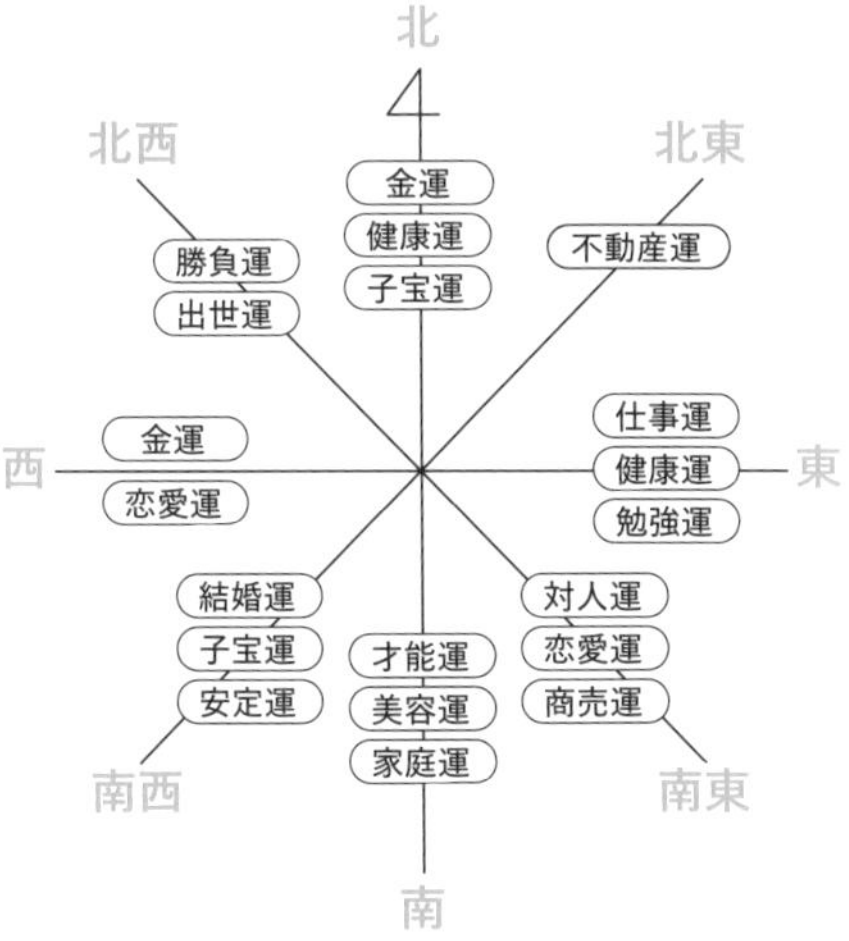

同じ睡眠を取るのでも、枕の方位によって開運項目がこれだけ違ってきます。
基本的にはご自身がアップしたい運気に恵まれる方位に枕を置かれればよいと思いますが、美容運に効果のある南枕にしたくても、それがベストではないこともあります。例えば、体調が優れなければまずは健康運に良い北枕を優先したほうがいいので、注意が必要です。
従って「ここが、どんな人にもベスト！」とは一概に言えませんが、『北枕』

をはじめ、自分が望んでいる方位に枕をセットして、ぐっすりと快眠なさって運気を上げていきましょうね。

また、今夜からできる就寝前にやっておきたい厄落としと、さらに開運効果を高める三つの作法についてもご紹介しておきましょう。

一「一杯の白湯を飲む」

白湯は胃腸を温めて、今日一日の疲れや悪運を体外に押し出すという、霊的な力を宿しています。白湯を就寝前に飲むことで、リラックス効果が期待できます。リラックスした体は入眠しやすい状態になります。

二「眠る前にお線香を焚く」

お線香の煙で浄化して厄落としができます。

お線香の煙を部屋中に満遍なく行き渡らせ、最後まで焚《た》きます。そして焚き終わったら窓を開けて、新鮮な空気を流してくだされば完璧です。

三「感謝の言葉を口にする」

感謝も祈りの一つです。「引き寄せの法則」として、**感謝をすると幸せがやってきて開運**につながります。

感謝の言葉の中でも「ありがとう」は、最高の言霊です。就寝前に「ありがとう。おかげさま」という言霊を口にすることで、幸福感に満たされます。

気分良く熟睡して目覚めた朝には「今日も元気に目が覚めて、健康ってありがたい」と言葉に出して感謝できれば、最高の一日が始まります。

ソウルカラーで開運する

『ソウルカラー』という言葉をお聞きになったことはございますか？いわゆる「魂の色」で、生涯変化することはなく、その人の本質を表すと言われています。

各自の生年月日や星座ごとに割り当てられた「守護色」とも言われるソウルカラーを知っておけば、開運効果が期待できます。

ソウルカラーを意識して身に着けたり、生活に取り入れることで、あなたの魅力をさらに引き出して、幸運を呼び寄せましょう。

ソウルカラーを知る方法は、「数秘術《すうひじゅつ》」という数字を用いて鑑定する占術を使って、まずはソウルナンバーを計算から導き出す必要があります。

私の生年月日（西暦）をモデルケースにして解説してまいりましょう。

ソウルナンバーは生年月日から割り出す

① 生年月日を西暦で書き出す。
例：1975 年 12 月 22 日

② 一桁になるまで分解して足す。
例：1 + 9 + 7 + 5 + 1 + 2 + 2 + 2 = 29
2 + 9 = 11
1 + 1 = 2

私のソウルナンバーは「2」です。

生年月日の数字を一桁ずつバラバラに分けて、足していきます。上の計算式のように1＋9＋7＋5＋1＋2＋2＋2＝29。合計の数字が一桁になるまで足し続け、2＋9＝11。11を分解して足すと、1＋1＝「2」という一桁の数字が導き出されました。つまり、私のソウルナンバーは「2」です。

同じように、あなたの数字も導き出してみてくださいね。次のページから、生年月日で導いた1〜9というソウルナンバー順に、ソウルカラーとそれぞれのカラーパワーについてご紹介してまいります。

❶ソウルナンバー1のソウルカラーは「赤」です。
赤は情熱や太陽を表しています。あなたの行動力とリーダーシップを発揮されることで、運気が上がります。
❷ソウルナンバー2のソウルカラーは「橙」です。
自然と調和が取れてバランスも良く、明るくて元気なあなたは、感情の平穏を保つことで運気が上がります。
❸ソウルナンバー3のソウルカラーは「黄」です。
明るさと希望を放っているあなたは、創造力豊かな気質をお持ちですので、芸術や演劇などに触れることで、落ち込んだ気持ちを回復させて運気がアップします。
❹ソウルナンバー4のソウルカラーは「緑」です。
リラックスして安定した精神の持ち主で、平和を何よりも大切にしています。大自然の中に身を置く時間を設けて、周囲へも癒しの空気を漂わせることで運気も上昇します。
❺ソウルナンバー5のソウルカラーは「ピンク」です。

喜怒哀楽がはっきりしていて、愛し愛され、恋多き人生を歩まれます。人から愛を受けるより先に、愛を与えることで運気アップできます。

❻ソウルナンバー6のソウルカラーは「青」です。

誠実かつ冷静で、信念の強さをお持ちのあなたは、理想に向かって着実に努力できるタイプです。目標に向かって真っ直ぐ行動できれば、運気も上がり、夢や目標を実現できます。

❼ソウルナンバー7のソウルカラーは「紫」です。

頭脳明晰で鋭い直感力と霊的エネルギーに恵まれたあなたは、自分の直感を信じて行動できれば運気が上がります。

❽ソウルナンバー8のソウルカラーは「茶」です。

大地にしっかり根を張った大樹のようにブレない現実的な思考と、リーダーシップを備えていますので、自分の気持ちに従って素直に行動できれば運気上昇です。

❾ソウルナンバー9のソウルカラーは「白」です。

純粋さを表す、とてもピュアな心を持っています。気持ちが落ち着く場所や空間に身を置く時間を設けることで、不運を遠ざけ、運気を上げることができるでしょう。

あなたの魂の色は何色だったでしょうか。ご自分の特徴に当てはまっておられましたか。

ご自分のソウルカラーが持つ特徴を知っておくことで、あなたの使命について、何かヒントを得られるかもしれません。

ソウルカラーを確認なさって、実際に生活に取り入れられると、その開運効果を実感できると思います。

自分にはどんな特徴があって、どんなお役目があるのか。

ソウルナンバーと、ソウルカラーをぜひ参考になさって、運気上昇！　あなたの明るい未来を切り拓いてくださいね。

数秘術ゾロ目で開運する

あなたは、ご自分の好きな数字、ラッキーナンバーをお持ちでしょうか。

数字には、仏教や日本古来の伝統で、縁起が良いと言い伝えられてきた数字があります。

一桁の数字で、縁起が良いとされているのは一、三、五、七、九の奇数です。その謂《いわ》れは、陰陽道の考え方からきておりまして、奇数は「陽」の数、偶数は「陰」の数とされています。

偶数は、全て二で割り切れます。つまり人や物事とのご縁がきれいさっぱり解消して別れてしまうと連想できることから、縁起が悪い「陰の数」とされています。

日本の先人達は、人と人とのつながり、「ご縁」というものを何よりも大切にしてこられました。ご縁が切れないように、何事も大切に育んでいきましょうという尊い考え方を根底にして、奇数を重んじてこられたのは、まさに日本人らしい概念と言えるでしょう。

そして縁起が良いと言えば、「一一一」とか「二二二」など、同じ数字が並んでいることを『ゾロ目』や『エンジェルナンバー』と言って、ふと目にした時計の時刻が22時22分などの続き数字でゾロ目だったり、何かの順番待ちの番号がゾロ目だったり、同じゾロ目のナンバーを何度も目にするなんてことが続けば、何か良いことがある前触れとされています。

ゾロ目を目にしたのは、ただの偶然ではなくて、実はそこに深い意味が込められている可能性が高いのです。

そこで、ゾロ目を目にした時のそれぞれの数字が持つサインの意味について解説してまいります。

「0」は、始まりでもあり終わりでもあります。宇宙と一つにつながっているというメッセージですから、今の状態をキープなさってください。

「1」は、始まりの数字。気持ちの赴くほうへ新たな一歩を踏み出しましょう。

「2」は、焦らないで、自分の心の声に耳を澄ませて行動することで、チャンスにも恵まれ、あなたの目標は達成できるというメッセージです。

「3」は、あなたの才能を開花へと導く守護霊が、成長を促してくださっている証ですから、余計なことは考えず、自分の道を切り拓いていきましょう。

「4」を目にした人は、自分の人生と一生懸命に向き合ってきた人だろうと思います。あなたの努力は報われるというサインです。

「5」は、人生に変化が起きる前兆です。苦しい状況にあっても、諦めず投げ出さず自分を信じて行ない続ければ、状況が好転するサインです。

「6」を目にした時は、物質的にも精神的にも満ち足りている状態にあります。ただし、物質的価値観に心が支配されないように注意しましょう。

「7」は、神様仏様からも祝福されているサインです。正しい道を進んでおられますので、その調子で自信を持って進んでいきましょう。

「8」は、豊かさを表すサインです。金銭や物質的なものをはじめ、感謝の心を忘れず行動できれば、心理的な満足感も味わえるサインでもあります。

「9」は、数字の終わりを意味する一方、新しいステージの始まりを表します。新しい使命があなたの身に降り注がれるタイミングとして捉えましょう。

そもそも**ゾロ目を目にしたのは、直感が鋭くなっている証拠**です。より、あなたの運気を高めていくためにも、謙虚な気持ちと感謝の心を大切にしていきましょうね。

続き数字を目にしたのは、「ただの偶然」とは思わずに、自分へ向けられた開運前兆サインとして受け止めていただけると幸いです。

日本の行事「お正月」で開運する

日本には、農耕中心の生活であった古代より、連綿と受け継がれた年中行事が今なおございますよね。

お正月に始まり大晦日まで、日本の行事には深い由来や意味がございます。**古来伝わる伝統行事から自らの開運**へとつなげてみませんか。

「お正月」、元日にいただくのは、『おせち料理』ですよね。おせち料理というのは、年神様（歳神様）をおもてなしするためのお料理なのですが、私達も一緒に「祝い箸」で食事をいただき、家内安全や子孫繁栄を祈ります。

年神様というのは、日本各地に現れる豊作の守り神であり、家族が元気に暮らせるよう見守ってくださる祖霊です。門松や注連飾《しめかざ》り、鏡餅などは全て、そんな年神様を歓迎するための準備ということになります。

おせち料理には黒豆、数の子、ごまめ（田作り）といった「三《み》つ肴《ざかな》」は欠かせません。黒豆は、勤勉（まめ）に働き、元気に丈夫（まめ）で過ごせますように、との思いが込められています。

数の子は、子宝に恵まれて子孫繁栄を祈り、ごまめ（田作り）は、「五万米」と書いて豊作祈願の思いが込められています。

地方によってはその土地の食べ物があるのですが、例えば関西ですと、ごまめ（田作り）の代わりに、根を深く張って繁栄していきますように、との願いを込めた「たたきごぼう」をいただく風習があるそうです。

いずれにしても、**新年の幸せを願う海の幸、山の幸は縁起食で、金運や健康運など、開運の心願成就の思いが込められています。**

またお正月の縁起食で忘れてはいけないのが『お雑煮』です。

年神様をお迎えするにあたり、各家庭ではお餅や収穫物をお供えし、それを大晦日の夜に下げていただく、「直会《なおらい》」という酒宴が開かれていたようです。

昔の日本は、一日の始まりは夕方からでして、一月一日の「お正月」も大晦日の夕方から始まると考えられており、夜にお供え物を捧げていたようですね。**お雑煮を食べることで、農作物の収穫や日頃の無事安泰に感謝するといった豊作や家内安全を祈る**という意味が込められています。

続く一月七日の**『七草粥《ななくさがゆ》』は、お正月のごちそうに疲れた胃腸をいたわり、無病息災を祈る行事食で、健康運アップ**につながります。

一月十五日は正月事じまいの日で、**「小正月《こしょうがつ》」と呼ばれ、小豆粥を食べて、正月飾りを燃やす「どんと焼き」の煙で、除厄退散《じょやくたいさん》などの魔除け**を祈ります。

そして、年神様は天に戻られ、お正月の行事が締めくくられます。

お正月の行事は、おせち料理をいただくだけではありません。

『初日の出』『初詣』、**『初夢』**、**『書き初め』**、**『お年玉』**、**『おとそ』**、**『年賀状』など、これら一つ一つは、先人の願いが込もった開運アクション**でもあります。

気になった風習があれば、その謂れなどをチェックなさってみてください。

日本の行事「お彼岸」に込められた開運作法

数多《あまた》ある日本の行事の中には、仏教由来の行事もございます。しかも、日本だけの風習として大切にされてきている仏教行事――それが『お彼岸《ひがん》』です。

『お彼岸』を通して開運する方法もございますよ。

『お彼岸』というのは、三月の春分、九月の秋分の年二回ございます。期間は、「春分の日」と「秋分の日」の「中日《ちゅうにち》」を挟んで、前後三日間の一週間ですよね。

「中日」という日は、太陽が真東から昇り、そして真西へと沈んでいく一日です。しかも昼の時間と夜の時間が十二時間ずつでちょうど半々ですから、どちらか一方に偏らない、ちょうど良い塩梅《あんばい》ということから、仏教では悟りの境地を表す【中道（ちゅうどう）】という心を養う教えと、日本古来の「中日」という太陽信仰が融合して、日本独自の仏教行事として今に定着しています。

そもそも【彼岸】というのは仏教用語で、「向うの岸にたどりつく」、つまり仏様の浄土という世界を指しています。

私達が生活している世界を、「此《こ》の岸」と書いて【此岸（しがん）】と言います。そして、寿命が尽きると、この【此岸】という肉体の世界を離れて、【彼岸】という魂の世界、仏様の世界に赴くと教えられています。

魂の世界を「彼《か》の岸」と書いて【彼岸】と表現しているというわけです。

でも、もう一歩踏み込んで考えてみますと、実は私達が天寿を全うした後に赴く世界が【彼岸】なのではなくて、生きている今この現世にも、【此岸】と【彼岸】があることを教えられています。

つまり、**苦しみや悩み多き人生で心が何かに縛られ、執着した時に抱く偏った迷いの心を【此岸】**と呼んで、そうした**偏った執着を手放し、心が安らかな時を【彼岸】、つまり仏様の悟りの世界である**と教えられているのです。

では、**どうしたら【彼岸】の境地に入れるのかと言えば、心を整えるための六つの開運アクション【六波羅蜜（ろくはらみつ）】という、仏教がすすめる六つの修行を実践する**ことです。

六つの修行とは何かと申しますと――

一つ目は【布施（ふせ）】と言って、周りの人に対して、自分にできる利他の行ないを心がけるという修行です。

二つ目は【持戒（じかい）】です。これは、ルールを守って皆と協力していきましょうという修行です。

三つ目は【忍辱（にんにく）】です。辛いことや、悩み事に心が折れないように、努力しましょうという修行です。

四つ目は【精進（しょうじん）】です。目的に向かって、たゆまず行なう修行です。

五つ目は【禅定（ぜんじょう）】です。人生の壁にぶつかっても、心を落ち着けて問題に対処し、平穏な心を保つ修行ですね。

六つ目は【智慧（ちえ）】です。この【智慧】というのは仏様の思考です。

どんな現実にも適切に対応することのできる思考であると教えられます。

そんな完璧な思考を、どうしたら持てるのかというと、【布施・持戒・忍辱・精進・禅定】という他五つの修行を実践し続けることで、自ずと仏様のような真理を見極められる【智慧】が授かると教えられています。

仏様が心の中の迷いを断ち切って悟られた【智慧】を授かれば、余計なことに心が執着して揺さぶられることもなく、自分らしい人生を歩めるはずです。


偏らない心を養う【六波羅蜜】の実践の中に、私達が人生を生きるうえでの大切なヒント、開運の鍵があります。

毎年繰り返し行なわれる『お彼岸』という文化を通して、六つの修行徳目を意識しながら、心の安寧と人間的器を養ってまいりましょう。


『お彼岸』にはご家族皆様でお墓参りに出かけ、自分が生かされていることへの**感謝の念を、墓前で親先祖に手向けさせていただきましょう。**

そして、家族一緒に幸せを願い、家庭に幸運を招き入れましょうね。

食べ物で開運する

衣食住。私達が日常生活を送るうえで欠かせない三要素です。

特に食欲は生命維持に不可欠な本能の一つです。「おいしい物を食べることが毎日の楽しみ」という方も多いでしょう。そんな食で魔除け・開運ができるとすれば、こんな嬉しいことはないですよね。

私達が普段何気なく食べている食べ物の中には、神様や仏教と深い関わりがあり、開運に最適な食べ物がございます。

食べるだけで厄祓いが叶う『開運フード』についてご紹介いたします。

一番にご紹介したい『開運フード』は「お米」です。

お米は、神様が好まれる代表的な食材と言えます。毎年十一月二十三日は、全国の神社で新嘗祭《にいなめさい》が斎行《さいぎょう》されます。これはお米の収穫に感謝し、新穀を神様に奉納し、私達も一緒にお米をいただくという神事です。

お米は神様仏様にお供えするお供物《くもつ》としてだけではなくて、地鎮祭では『散《さん》米《まい》』『打撒《うちまき》』『散供《さんぐ》』と言い方は様々ですが、その場を浄めるご祈祷などの儀礼にも用いられてきました。

お米そのものが、浄化や清め祓うとか、生命力を高め、結界力《けっかいりょく》がみなぎる最高のパワーフードであるからです。

お米でつくる日本人のソウルフードと言えば「おむすび」、あるいは「おにぎり」ですよね。

呼び方については、地域によって様々ですが、由来となるお話がございます。「おにぎり」は「鬼切り」という言葉になりませんか。そうなんです。「おにぎり」は邪気祓い魔除けの意味合いで使われました。

一方、「おむすび」はお米をぎゅっと愛情を込めて結ぶという意味です。『古事記』に初めて登場する神「天之御中主神《あめのみなかぬしのかみ》」、間もなく万物を生み出し五穀豊穣を叶える神「高御産巣日神《たかみむすひのかみ》」「神産巣日神《かみむすひのかみ》」が成りました。この三柱《みはしら》の神様を由来として「おむすび」という名前がついたという説がございます。

三角形の形は、山々に神が宿ると考えてきた日本人が神様の力をたまわる、神様とのご縁を結ぶ、という願いを込めたという言い伝えもございます。

「おむすび」は、大地・水・太陽など自然と自然の恵みを、神様と私達を、そして人と人を「結ぶ」といった願いを食すことで、体内に摂り込み霊力を宿すと考えられた食べ物なのです。

お米は神様仏様と共にあり、それを食べることで邪気を祓い、私達の命を育んでいける日本人のソウルフード。

一日一回はお米をいただき、時には「おにぎり」を、またある時には「おむすび」を食べて、身心を整えていただければ幸いです。

古来日本に伝わる『開運フード』は、他にもたくさんございます。

全ては書き切れませんが、代表的な物をご紹介させていただきます。

これらに宿る天地自然の力に感謝し、食することで開運アップにつなげてまいりましょう。

●桃　「魔除けや邪気祓い」「不老長寿」「子宝に恵まれる」縁起が良い果実。

●小豆　老化防止、疲労回復、お浄めの塩に匹敵する力あり。縁起の良い赤飯。

●鯛　「めでたい」という言葉に代表される「目出鯛《めでたい》」魚。

●生姜　体内に溜《た》まった毒素を排出し、気を整えてくれる食べ物。

●ニンニク　咳止め、邪気や魔祓い。仏教用語の【忍辱（にんにく）】が語源。

●梅干し　日本を流行病《はやりやまい》から何度も救った食べ物。疲労回復、解毒効果あり。

●卵　開運カラーの黄色で栄養バランスも◎。

●うどん　白く長いうどんは、悪運をそぎ落とし運気を集める。長い物はご縁をつなげる効果もあり。

●根菜類　栄養価が高く大地に注がれた陽気を蓄えており、体を温めてくれる。

●味噌　物事を調和させ、前向きに育むパワーを持っている。

開運ワーク 2

寺社参拝で神様仏様から
パワーをいただく

開運するための正しい参拝方法（76 〜 83 ページ参照）を身につけ、
近所の神社仏閣を参拝しましょう。
神聖なパワースポットで
感じたことを素直な気持ちで書き出してみましょう。

・参拝での気づき

・参拝での気づき

・参拝での気づき

・参拝での気づき

・参拝での気づき

第 3 章

さらに運気を上げるアクションと心の持ち方

特定の分野だけ「運気」がアップすることはある？

「運気」と一口に言っても、いろんな種類の運気があります。

仕事運、恋愛運、金運、健康運、家庭運、社交運、全体運など、挙げればきりがないくらいいろいろな種類の運気が存在します。


人によっては、家庭運や健康運には恵まれているけど、仕事運や金運には恵まれていないという人もいらっしゃると思います。

そんな中で、自分が望む特定の分野だけ運気をアップすることはできるのか否かというお話になれば、その答えは「ＹＥＳ」です。


それぞれの分野には、それぞれに適した運気をアップする方法がございます。

そもそも運気を上げる方法を一言で申し上げれば、**生活習慣や環境を整えれ**

ば、それが運勢に反映されて運気もアップしてまいります。

例えば「運気」自体をアップさせたいと思えば、朝目覚めて一番にやるべきことは、カーテンと窓を開けて、部屋の換気をすることです。できれば冬の寒い朝でも、窓を開けて外の新鮮な空気をお部屋に入れるようにいたしましょう。

部屋の換気をおすすめするには理由がございます。

私達は睡眠を取ることで英気を養っております。と同時に、体内に溜まった疲れと一緒に、厄も吐き出しております。そこで、朝目覚めてお部屋の空気を入れ替えることで、体内から排出され寝室に溜まった厄を一掃して、朝の新鮮な空気を新たなエネルギーとしてお家の中に取り込みましょう。

換気することで「気」の巡りを良くいたします。

「全体運」をアップさせるのに換気と掃除、整理整頓は欠かせない開運アク

ションと言えます。

それではここからは、分野別に運気アップの方法をご紹介してまいります。

「金運」をアップさせる方法

金運は西の方位とご縁がありますので、特に**西の方位にあるお部屋や廊下は毎日掃除なさったり、きれいに整理整頓してすっきりさせておきましょう。**

特に水回りやトイレは汚れやすいので、こまめに掃除するようにいたしましょう。

空間をすっきり保つには、断捨離《だんしゃり》がおすすめです。

勿体ないからといって、使わない物をいつまでも大切に保管しておくのは、厄を溜め込む行為と同じです。

物を大切にすることは大事な心がけではありますが、使いもしないのに、「勿体ないから」という理由だけでいつまでも保管しているのは、厄を溜め込むNG行為となります。

古い物から新しい物へと買い替えるのは、古い気と新しい気を入れ替える開運アクションになりますので、いらぬ執着を捨てて、使わなくなった物は、「今までありがとう」という感謝の気持ちを込めて潔く処分し、新しい物を大切に使うようにいたしましょう。

また、お金には「生きたお金の使い方」と「死んだお金の使い方」の二種類がございます。

必要な物に使うお金、あるいは皆が喜ぶようなお金の使い方をするのを「生きたお金の使い方」と言います。

逆に、自分の欲望を満たすためだけのギャンブルやネットゲームなどの課金で散財して楽しむような使い方は、ある意味「死に金」と言えます。

「金運」をアップさせたいのなら、「生きたお金の使い方」を意識して、使うようにしましょう。

お金は出さないと入ってきませんので、同じお金を出すなら「生き金」を使って、「金運」アップを実感なさってみてはいかがでしょうか。

「健康運」をアップさせる方法

私達にとって「健康」は、人生を生きるうえで活動の基礎となるものです。健康を維持するためには、規則正しい生活が基本です。

そんな規則正しい生活という中には、身なりを整えることも重要なポイントとなります。

毎日伸びる髪の毛や爪は、体から出た厄という考え方がございます。つまり、傍目《はため》から見て分かる爪や髪の毛という「厄」が、きれい清潔に整っていることで、その人を印象づけることになります。

人から放たれた良い印象のエネルギーは、それを受けた本人の運気をアップさせてくれます。

また、髪の毛や爪のコンディションは、運気のバロメーターになります。髪の毛がパサついていたり、枝毛があるのは、髪に栄養が行き渡っていない証拠です。

それに、人前で髪をいじっていたり、爪を噛んでいるなんて行為は「不潔」という印象が生まれて、あなたの運気を下げるNGアクションとなりますので、癖になっている人は要注意です。

つまり、**髪の毛や爪をきれい清潔に整えることが「健康運」をアップさせる**ことにつながるOKアクションになります。

ちなみに「健康運」は東の方位とご縁がありますので、鏡面を東に向けて飾るとか、東を向いて読書をしたり、お薬を飲む時も東を向いて飲むだけで、「健康運」を上げることができます。

さっそく取り入れてみてくださいね。

「社交運」をアップさせる方法

人は一人では生きていけない以上、良き人間関係を築いておいたほうが良いでしょう。

そんな**人間関係運をアップさせるには、南方位に白色や淡い緑色を取り入れてみたり**、風水では南の方位は「木」ですから、観葉植物との相性が良いので、**お好きな観葉植物を飾られると「社交運」がアップ**します。

「社交運」は、人とのコミュニケーション能力や人とのつき合いを良くしますので、人間関係上のトラブルに巻き込まれることがなくなって、相手の気持ちを汲み取ったりもできるようになるでしょう。

「社交運」が上がれば、「仕事運」や「出世運」、そして「家庭運」も自ずと上がりますので、公私にわたって人から声がかかりやすくなることでしょう。

以上、「金運」・「健康運」・「社交運」の代表的な三つを取り上げてご紹介いたしましたが、もう既にお気づきの方もいらっしゃると思います。

そう、実は、**ある特定の分野の運気を上げることで、他の分野の運気も並行して上がってくる**のが運というものなのですよね。

ここでご紹介いたしました方法は、ごく一部です。

また、運が良いことと悪いことというのは、人によって違います。

自分にとって運気が上がる行動と下がる行動をチェックなさって、ご自分の幸運を摑んでいただければ幸いです。

親が子どもの「運気」を上げることはできるのか

一般的に親という存在は、我が子にできるだけのことをしてあげたいと思うものです。それは我が子が生まれてから、自分の命が尽きるまで変わらぬ気持ちかと思います。

成人しても、社会的に立派になっても、いくつになっても、あくまで我が子は我が子です。たとえ罪を犯してしまい、世間から後ろ指を指されるようなことがあっても、我が子の改心を信じて、一緒に懺悔《ざんげ》していくのが親という存在でしょう。

何の見返りも求めず、そんなことは露も思わず、持てる力を全て注ぐことができる存在、それが我が子という存在です。

ただし、子どもには子どもの人生がありますので、いつまでも心配になる気持ちは分かるのですが、過干渉ではかえって子どもを駄目にしてしまいます。

親にとってはいつまでも可愛い我が子に違いありませんが、行き過ぎには注意です。

このバランスが難しいところでもあるんですが、**子どもの成長と共に、少しずつ子ども自身に考えたり選択する力をつけさせてあげること、いろんな経験を積ませてあげることが、子どもの運気アップにもつながってきます。**

そのうえで、親であるあなた自身がしっかりと運気を上げておくことで、家族全体の運気を保つことができます。

これが子どもの運気を上げるための基本です。

「這《は》えば立て、立てば歩めの親心」という言葉があります。

我が子の成長を祈る親の心を表した言葉として有名です。

つまり、生まれた我が子が成長するに従って、寝返りを打ち、やがて這うようになれば、今度は自分の足で立ち上がってほしいと祈るような気持ちで見守ります。
そのうち摑まり立ちができるようになれば、今度は歩いてくれないかと、心から願うものです。

そんな我が子には、いろいろな体験や学び、将来に役立つ経験は、何でもさせてあげたいと思うものです。

とは言え、親が子どもの運気を上げるなんてことができると思いますか？

実は、**親が子どもの運気を上げることはできる**のです。

ここで、【因縁果の法則】（60ページ参照）を思い出してみましょう。
何か一つのことを成し得るためには、その子に才能があることはもちろんなのですが、その才能を生かして行動に移すことのできる「環境」というものが整っていなければ、なかなかチャンスに恵まれることはできません。
環境が整い、本人の才能とそれに伴う行動がなければ、物事を成し得る

「運」を掴むことは難しいと言えます。

そこで、子どもの運気を上げるためにできることをご紹介しましょう。

親ができる子どもの運気を上げる方法
――「環境を整える」

環境を整えると言っても、間取りによっては難しいお家もあるとは思いますが、子どもがリラックスできて、勉強に集中できる理想的な子ども部屋の配置についてご紹介いたします。

まず、**子ども部屋の位置はお家の中心から見て「東」か「東南」が理想**です。

勉強机は、「北向き」がおすすめです。

逆に集中力が上がらないNGな向きは、窓に向かっている位置や真後ろにドアがある位置となります。

ややもすれば勉強机の正面が窓という配置にしがちだと思うのですが、外の景色に気が逸《そ》れやすくて、集中力を削がれてしまうとか、学業運が流出しやすいという意味で、窓の正面に勉強机という配置はNGとされています。

どうしても窓向きに設置する場合は、せめて窓の位置が横になるように設置して、なおかつ利き手と反対側に窓が来るようにしますと、手の影がノートに落ちないので目の疲労を軽減することができます。

位置は「壁向き」か「壁を背にする」位置がおすすめです。

「壁向き」のメリットは他の物が視野に入ってこないので勉強に集中できるということです。デメリットは、圧迫感を感じるかもしれないということです。

また、「壁を背にする」場合のメリットとデメリットは、この真逆の理由が挙げられます。

これは子どもの性格や好みにもよりますし、それぞれにメリットもデメリットもございますので、気分転換も兼ねて配置換えしながら子どもにとってのベストを探っていただければよろしいかと思います。

ベッドや就寝時の布団の位置は、お部屋の「東側」で、枕の向きは「北向き」がベストです。

枕を「北向き」にした場合、頭から足に向かって良い気が流れて、質の良い睡眠が取れます（110ページ参照）。

ちなみに北向きでは熟睡できないとか疲れが取れないなど、快適な睡眠が取れないようでしたら、枕の位置を変えながら調整していただければ幸いです。

それぞれの方角によって意味がございますので、あくまでも子どもの調子に合わせて環境を整えるようにしてあげましょう。

お部屋の色も心理的に大きな影響を与えますので、ぜひこだわっていただきたいと思います。

例えば、**心を落ち着かせて集中力を高めるのに効果的な色は「青」**です。壁紙やカーテン、デスクマットなどの一部分に青色を取り入れていただくだけでもＯＫです。集中力が持続しやすくなります。

また**「緑」はリラックス効果**がありますので、観葉植物を置かれると、ストレスも和らぎ穏やかな気持ちになります。

やる気を高めたい時は「オレンジ」や「黄色」。

リフレッシュしたい時は「ピンク」。

休憩の時は脳を休める「茶」や「ベージュ」。

気合いを入れたい時は「赤」を取り入れるなど、目的に合わせて色の効果を上手に取り入れ、快適な学習環境を整えて運気を引き寄せましょう。

二「物を大切に扱う心を躾ける」

文房具や教科書など、物を大切に扱う子に育ててあげましょう。

物をぞんざいに扱う子どもは、友達をもぞんざいに扱う子どもに成長してしまいます。

そして、物や人をぞんざいに扱う意識が、運気を下げてしまう子どもにしてしまいます。

そもそも物というのは、それをつくった人の「気」が宿っているものです。

今は大量生産という品物も少なくないわけですが、商品を考案した人の思い、梱包した人の思い、陳列した人の思いなど、一つの物には、たくさんの人の気が宿っています。

物を丁寧に扱おうとする心が、その物に宿る「気」に気づくことができる心を養います。

物に宿るいろんな人の思いに気がつく子に育てば、物をぞんざいに扱うことができない子になると思います。

一つの物を通して、その物に込められた人の心までを汲み取れる、勘の鋭い優しい子に育ってくれることでしょう。


人の気持ちを慮《おもんぱか》る時に運気は上がります。

物を丁寧に扱う時に運気を上げることができます。

これは、その子の一生をうらなう躾《しつ》け教育と言っても過言ではありません。

物や人の心を慮れる優しい心を育て、自ら運気を上げられる子に導いてあげましょうね。

三「清潔、整理整頓を心がける」

塵《ちり》やホコリのない、整理整頓が行き届いた清潔な住空間を保つことは、運気を上げるための基本と言えます。

ところが、子どもというのはそんなきれいなお部屋を汚しやすいし、散らかしやすいものです。

特に小さなお子さんの場合ですと、本能の赴くままに目につくものはとにかく手当たり次第に触っては、そのまま放置していく暴れん坊将軍ですよね。

親はそのたびに何度も整理整頓をして、きれいな住空間づくりを目指すも、子どもはそんな親の意に反して、また散らかし放題で遊び始めるものです。

もう泣くに泣けないという場面に遭遇したことは、子を持つ親なら誰しも経験済みでしょう。

そんな時に、自分の感情に任せて子どもを叱《しか》ったとしても、親子共々運気を下げるだけです。

「親の背を見て子は育つ」と言うように、子どもは親の影響を色濃く受ける存在です。

子どもの年齢に合わせて、躾けていかなければなりませんが、**基本的には親が汚れた所をきれいに掃除して、清潔な空間づくりに専念する姿勢を見せていきましょう。**できれば子どもと一緒にお片づけをして、家族のみんなができる範囲で、きれいな空間づくりを目指しましょう。

一日一回だけでも、片づける時間を設けていると、掃除が習慣として身についた子になります。

また、**たとえ汚したとしても親が優しく注意してくれて、ニコニコしていれば、子どもも安心して家中に良い運気が巡る**ようになります。

そうして成長したお子さんは、親の姿勢を見習って、自分から掃除するようになります。

掃除自体、運気を上げる開運アクションですし、**自分のことを丸ごと受け止めてくれた親の愛情が、信頼感や安心感となって、その子の運気を上げる**ことにもつながります。

こうして成長期に身についた習慣は、大人になるに従って、自ら運を引き寄せ、運に恵まれる人生を築くための土台になっていきます。

というわけで、親が子どもの運気を上げることはできるのか？という疑問の答えは、「ＹＥＳ」ということになります。

掃除の行き届いた清潔なお家で育った子どもは、社会に出て独り立ちした後も、自然と自分の身の回りをきれいにしようとする行動ができるものです。

子どもの運を良くすることで、将来の明るい未来と幸せにつながっていきます。意識しなくても、自然と良い運気を引き寄せる行動ができる人に育てていくことができます。


運気が良いかどうかを判断する基準は簡単です。

それは、子どもの笑顔です。

お家で過ごしているお子さんは、どれくらい笑っていらっしゃいますか？

楽しそうにしていますか？

家族のコミュニケーションが上手くいっていれば、きっと笑顔は増えるはず。


そのためには、お家をきれいにしたり、生活する環境を良いものに整えてあげることが大事なポイントとなります。

運気を上げる方法を習慣として身につけさせてあげることは、親ができる子どもへの最高のプレゼントの一つと言えます。子どもの人生にとって、大切な宝物になることは間違いありません。

親が楽しく幸せに過ごすことで、子どもの運気も上げていくことができます。

「ご縁」って何？「良縁」とか「悪縁」について

『ご縁《えん》』という言葉は日常的にも耳にされることがあると思います。

一般的には「金の切れ目が縁の切れ目」と言ってみたり、「これも何かのご縁ですね」などという言い方をすることがありますよね。

では、そもそも『ご縁』というのは一体何でしょうか？

【ご縁】というのは、もともと仏教用語です。

専門的には【縁起の法（えんぎのほう）】とか【十二因縁（じゅうにいんねん）】と呼び習わしておりまして、お釈迦様が悟られた「宇宙の真理」と言っても過言ではないのですよ。

どういった真理なのかと申しますと、自分が経験する出来事や世の中で起こる物事は全て、何かの原因や条件が相互に関係し合って生まれ出た結果なんですよ、という教えになります。

私達が見るもの、触れるもの、仕事の成否や目標の成就、そして人間関係など、**この世の全てのものは【ご縁】によって成り立っている**というわけなんですね。

「原因」があれば必ず「結果」として表れます。

この**「原因」と「結果」を結ぶ接着剤のようなものが、実は【ご縁】というものになります。**

【ご縁】とは、自然発生的に降って湧いたりするものでもなければ、偶然遭遇するものでもなくて、何か物事の「原因」があるところに必ず存在しているものなのです。

そして、その**【ご縁】**を自分がどのように受け止めるのか、どうやって育んでいくのか、その受け止め方や育み方によって、物事の「結果」が変わってきます。

私達は時に「良縁《りょうえん》」や「悪縁《あくえん》」、あるいは【ご縁】が「ある」とか「ない」とか言って、【ご縁】を識別することがありますよね。

でも、実は「ご縁がある」とか「ご縁がない」とか、「良いご縁」とか「悪いご縁」なんてものは存在しません。

あくまでも自分の受け止め方や育み方によって、その出来事や出会いが、何物にも代えがたい最高の【ご縁】と言えるものになったり、逆に人生の汚点とも思えるような最悪な【ご縁】になってしまったりするのです。

要は、**【ご縁】には本来「良い悪い」とか「有る無し」という区別はない**ということです。

そうやって【ご縁】を識別して捉えているのは自分の頭の中だけのお話です。

「良縁」や「悪縁」という言葉に翻弄《ほんろう》されて右往左往《うおうさおう》しているのは、自分自身でつくり出した【ご縁】という名の虚構《きょこう》と言っても過言ではないでしょう。

自分に関係する全ての経験や人との出会い、また自分には一見無関係に思えるような世の中の出来事も、全ては【ご縁】という目には見えないつながりやきっかけによって成り立っているものです。

【ご縁】というのは、言わば「宿命」です。

その【ご縁】をどう結ぶのか、どう育んでいくのかということが「運命」と言えるでしょう。

物事や人との【ご縁】を生かすも殺すも、「良縁」にするも「悪縁」にするも、その【ご縁】の受け止め方、自分の心持ち一つです。

そして、運気を上げるも下げるも、その心持ち一つによって決まります。

一つ一つの出来事、一人一人の出会いは全て「一期一会《いちごいちえ》」です。

「人生二度無し」

二度とないこの人生で、体験すること、出会う人とは、一つでも多くの「良縁」と思えるような【ご縁】を育み、運気を高めていける自分でありたいものですね。

「運気」を上げてくれる人ってどんな人？

人生で出会う人の中には、自分とウマが合う人もいれば、合わない人もいます。価値観が似ている人もいれば、生理的に全く合わない人もいます。

十人十色で、世の中にはいろんな人がおられるわけですが、その中には初めて会ったのに初めての気がしないと思えるような、自分にとって特別な人もいらっしゃいます。

そういう特別な人は、自分の人生にとってなくてはならない人ですし、運を引き寄せてくれる人だということをご存じだったでしょうか？

「ご縁」そのものに「良い」も「悪い」もないという大前提を踏まえたうえで、実は私達の周りには、運気を下げてくる、ご縁を絶つべき悪縁とも思えるような人もいれば、運気を上げてくれる、縁を切ってはいけない良縁と思えるような人もいらっしゃいます。

そんな自分にとってありがたい良縁の方とのご縁を、間違えて切ってしまうことのないように見極めなければなりません。

そこで、運を引き寄せ、運気を上げてくれる、自分にとって特別な人の特徴について紹介いたします。

こういう人とのご縁は、大切に育んでまいりましょうね。

運気を上げてくれる人の特徴五選

―「自分を叱ってくれる」

あなたのことをちゃんと叱ってくれる人は、運気を上げてくれる人です。

怒ると叱るは違います。

怒るのはその人の感情です。一方、叱るのは冷静な愛情や理性からです。

人を叱るのは意外と難しいものです。

褒めるのと同じように、その人のことをしっかり見ていないと、叱ることができなければ褒めることもできません。

それに、叱る時はかなりのエネルギーを消費することになります。

その人の言葉や姿勢に対して指摘し、より良い方向へ導く助言をしなければなりません。

叱ることとは、本当にその人のことを考えていなければできませんし、何より愛情がなければできません。

「愛情」の反対は「無関心」です。

怒るのは感情ですから、相手を罵《ののし》って怒鳴りつけたり、見て見ぬ振りをして無関心を装うのは誰にでも簡単にできるものです。

一方、褒めたり叱ったりするのは、冷静な洞察力があって、相手のことを本当に親身になって考えていなければ簡単にできるものではありません。言葉もタイミングも選びます。

それほどまでの**労力を使って心に寄り添ってくださる人は、あなたの運気を上げてくれる、ご縁を切ってはいけない特別な人**と言えます。

二「いざという時だけ助けてくれる人」

あなたが何かに困っていたら、いつでも何でも手伝ってくれる人は優しい人ですよね。

ただ、何でもかんでも手伝って、転ばぬ先の杖を何本も用意してくれるような人は、本当にあなたのことを考えてくれているのでしょうか？

人生は経験こそ力になります。

転んで怪我をして血を流して痛みを経験する。そこに人としての成長もあるということを考えれば、転ばないように、怪我をしないように、痛みを感じないようにといって、次から次へと何でも手伝って助けてくれる人は、もしかすると自己満足に浸っているだけなのかもしれません。

見方を変えれば、あなたが経験するはずだった、大切な人生の経験を一つずつ取り除いていく人とも言えます。

それは結局、あなたのためにはなりません。


「若い時の苦労は買ってでもせよ」という諺があります。

そして、「経験は力なり」です。経験こそ、自分の人生にとっての宝です。

経験させてあげようと思う深い愛情があれば、その人の成長を見守りつつ、本当にいざという時にだけサポートしてくれるものです。

そんな人は、本当にあなたのことを思ってくださっている人です。


手伝ってあげたほうがすぐに済むこともありますし、むしろそっちのほうがよっぽど楽なこともあるのですけれど、あえて経験させてあげるという本当の優しさ。どこまでも見守っている愛情の深さがあればこそ、何かあればすぐにサポートに回ることができるのだと言えます。

こういう特別な人は、あなたの運気を上げてくれる大切な人と言えます。

三「損得勘定で動かない人」

私達は損得《そんとく》で物事を判断することが多いと思います。

例えば、同じ品物を買う場合、A店よりもB店のほうが一円でも安いと聞くや、損得勘定《かんじょう》が働いてB店に走ると思います。

あるいは、誰かのために行動する時、利害関係を考えて行動してみたり、損得を考えて、行動するかしないかを判断したりすることもあるかと思います。

ところが、あなたのためなら損だろうが、得だろうが、そんな損得勘定なんてお構いなしに、何かしてあげたいという無償《むしょう》の愛情から行動できる人は、あなたのことを自分事のように思ってくれている人です。

損得勘定のない、無償の愛情を注いでくれる人は、あなたの運気を上げてくれる人です。

こういう人とのご縁も、大切に紡《つむ》いでいきましょうね。

四「ありのままの自分を見せられる人」

大抵の人は、自分が一番可愛い存在ですから、自分のことをできるだけ良く見せたいと思うのが人情というものです。

しかも、その相手が自分にとっての憧れの人だったり、想いを寄せるような人だった場合、必要以上に格好をつけてしまって、結局失敗してしまうなんてこともあります。

自分を偽《いつわ》って、背伸びして格好なんかつけなくても、ありのままの自分で一緒にいられる人がいるとすれば、それは親子や兄弟姉妹といった家族のように、心から信用信頼している証拠です。

自分らしく伸び伸びと、ありのままの自分でいることで運気を上げることができます。

ありのままの自分を見せられる人とのご縁は、大切に育んでいただきたいと思います。

五「お互いに認め合える人」

これは当たり前の条件なのですが、お互いに認め合える間柄でないと、人間関係は築くことができません。

そもそも人間関係というのは、お互いに譲り合い、認め合う中で、絆が育まれていくものです。

自分の考えを押しつけるだけではトラブルが絶えない、運気を下げ合う関係になってしまいます。

相手のことを尊重し、互いに認め合える人は、運気を上げ合えるお相手です。

ご縁がある人とは誰とはなしに、あなたらしく大切な絆を育んでいただきたいものですが、その中でも特にあなたの運気を上げてくれる人の特徴を心に留めておいてください。

あなたの運気を上げてくれる人は、人生にとってプラスの影響を与えてくれたり、正しい方向に導いてくれるような人です。

紹介いたしました特徴に当てはまるお相手は、あなたにとってなくてはならない特別なお一人ですので、見誤ることなく、素敵な関係を築いてまいりましょうね。

「運」に良し悪しはある？

60ページでご説明したように、全ての出来事には原因と結果という【因縁果の法則】が働いています。

とは言え、私達の人生というのは、単に原因と結果という【因縁果の法則】に則《のっと》って生かされているというだけではなくて、それ以外にも説明のつかない「運」という名の目に見えない力が、どこかで働いているのではないかと思わされることもございます。

英語には「blessing in disguise（一見不幸に見える出来事も、本当はありがたいこと）」という表現があります。

この言葉のように、**一見不運に思えるような出来事が、実は神様仏様から与えられた恩恵《おんけい》ということもある**のかもしれません。

これは実際にあったお話です。

Aさんは、人の喜ぶ笑顔が大好きな人でした。人に元気を分け与えて、いつも周りの人に自分のできることを行なっては、人に尽くすような人でしたから、皆に慕われ愛されていました。

そんなAさんが、青信号の横断歩道を渡っている時に、脇見運転をしていた車にはねられて足を骨折。全治二カ月の大怪我を負ってしまいました。

Aさんをよく知る人達は「なんで、あのAさんが事故に遭わなきゃいけないの？」と残念がっておられましたし、Aさんご本人も「私は何か罰当たりなことをしていたのでしょうか？　事故に遭ったのはその報いなのでしょうか？」と溜息をついておられました。

そんな辛い入院生活の中、病院で血液検査をしたAさんに、なんと癌《がん》が見つかったのです。

膵臓《すいぞう》癌でした。

弱り目にたたり目というのは、こういうことを言うのか……と気落ちしておられましたら、主治医いわく、

「Aさん、今回は早期発見なうえに、十分治療が施《ほどこ》せる場所ですから大丈夫です。もし今回の事故で骨折して入院していなかったら、おそらく発見は遅れていたと思います。しっかり治療に専念していきましょうね」

本来見つかりづらい膵臓の癌を早期発見することができ、無事に手術も成功。その後退院したAさんは、癌の転移もなく、また皆さんの笑顔のために人に尽くす日々を元気に送っておられます。

Aさんが経験なさったように、一見不幸にしか思えないような出来事の中にも、癌の早期発見、早期治療が施されたという、何か私達の目には見えない「運」という力が働いているかもしれない出来事が起こることがあります。

さて、このAさんの場合、「運」が良かったのでしょうか？

それとも「運」が悪かったのでしょうか？

例えば、私達が事故に遭遇したり、病気を患って入院して、自由に動けなくなる体験をしたとしましょう。

そうすると仕事にも行けないし、プライベートで何か継続して行なっていたこともできなくなります。

こんな不運なことはありません。

ただし、入院をして普段の生活の流れが強制的に断ち切られたことで、日頃考えないような自分の身の回りのことをじっくり考える時間ができたり、元気で健康なのは当たり前じゃないことに気づけたり、家族や周囲の人達の温かみを感じられたり、元気な時には気づくことのできなかった大切なことにいろいろ気づかされたとすれば、まさに「不幸中の幸い」と言えるでしょう。

病気や事故という一見「不運」に思える出来事を、おかげさまのありがたい「幸運」な出来事として受け止めることができます。


人生において、「不運」と思えるような出来事に遭遇することもありますが、

実は「幸運」という名の恩恵だったということがあるのかもしれません。

私達は何をもって「運」の良し悪しを決めているのでしょうか？

人によって「幸運」と「不運」の捉え方は全く異なります。

同じ経験をして、同じ状況に立たされたとしても、人によって「運」の捉え方が真逆であるということがあります。

起きてしまった出来事は、現実として変えようがありませんが、その変えようのない事実の受け止め方一つで、その出来事を「幸運」にも「不運」にも変えてしまうことができるのです。

つまり、**「運」の良し悪しが決まるのは、物事の結果ではなくて、その結果の捉え方**ということになります。

不運や逆境と思えるような出来事に直面した時に、「神も仏もあったものじゃない」なんて神様仏様を怨《うら》まず、「あいつのせいだ」と人を咎《とが》めず、あくまで目の前の事実現実を素直な気持ちで受け止めることから始めてみましょう。

物事には表と裏、プラスとマイナスの両面が必ずあります。

物事を見る角度を少し変えるだけで、その物事がまるで違うものに映るはずです。

素直な気持ちで事実を受け入れることで、初めて見えてくる景色があります。

目の前を覆っていた霧が晴れ渡るように視界が開けて、今まで気づかなかった人のありがたみや、恩恵という名の「幸運」に包まれていることに気づけるものと思います。

「不運」だと思えるような出来事も、全ては自分に課せられた「宿命」だと思って受け入れてみましょう。

いかなる不運、不幸にも腐ったりやけになったりしてはいけません。

むしろそこに光を見出していきましょう。

何かに向かって努力をしている時に人は育つものです。

そして、**不運や逆境に処する心持ちが、運を掴むうえではとても大切**なことです。

私達の幸せは、自分の思い通りになることではなく、実は皆平等に既に与えられているのです。

それに気づけるか気づけないか、見えるか見えないかは、自分の心持ち次第ということになります。

言葉では説明のつかない、「運」という名の心の働きを味方につけて、一見不幸に見える本当はありがたい出来事に感謝する日々が、「幸運」という恩恵に与《あずか》れるあなたに成長させてくれるものと思います。

「運」を味方につけられる私達でありたいですね。

「今、ここ」の選択が運を左右する

人生には悩みがつきものと言われますし、実際、悩みを抱えていない人はおられないと思います。

そして、その**悩みの根源は、『今、ここ』に意識をおけていない「心」にある**と言えます。

『今』という「時間」、『ここ』という「空間」。

『今、ここ』という「時空」に心がない時、私達の心は「過去」と「未来」に意識が飛んでいます。

「あの時、もっと優しい言葉をかけておけば良かった」とか「もう少し早く準備しておけば良かった」という、今となってはどうしようもない、過ぎ去ってしまった「過去」の出来事に意識が引きずられて、後悔の念に苛まれてしまうことがあります。

あるいは、未だ訪れてもいない「未来」を思い描いては、「もしチャレンジして失敗したらどうしよう」とか、「もしかすると○○なのでは？　本当に大丈夫なのだろうか？」などと、「未来」への不安を抱いては思い悩むこともあります。

つまり、私達が抱える悩みの根源は、「過去」への後悔や劣等感、無力感に心が縛られている時か、「未来」を思い描いての不安や心配、恐怖に心が苦しめられている時という意識の中にこそあります。

「過去」や「未来」に「現実」の私達は存在しません。

私達の現実は、『今』という「時間」、『ここ』という「空間」にのみ存在しています。

『今、ここ』という「現実」に意識を置いている人は、今に集中しているから「過去」と「未来」に心が奪われることがありませんので、余計なことを考えたりしません。

過ぎ去ってしまった、もうどうすることもできない「過去」や、未だ見ぬ「未来」に意識が飛びませんので、悩みも少なくて現実的です。

例えば二歳、三歳くらいの幼児達は、明日のことを考えているでしょうか？

いいえ、十分後の「未来」のことすら考えてはいないと思います。

あるいは一週間前の出来事に心縛られて、後悔の念にかられているでしょうか？　それもないですよね。

あくまで『今、ここ』に全集中で、自分の心の赴くまま、心が楽しくて嬉しくなることに意識を置いて、「現実」を素直に生きているものと思います。

将来の「未来」を思い描いては、夢や目標を持ったり、これからの人生の

「未来」を想像して人生設計をするのは、とても建設的で大切なことです。

また、「過去」を振り返って反省し、それを糧《かて》に奮起することも、より良い人生を築くためには必要なことと言えるでしょう。

ただし、**「過去」を振り返っては心を縛られ、「未来」を想像しては思い煩《わずら》うようであれば、『今、ここ』に生きている「現実」の時間が薄まってしまいますし、何よりあなたの心がネガティブになって、運気を下げてしまうだけ**です。

「過去」や「未来」に意識を置くのは、「現実」を実り豊かに過ごすためのカンフル剤にはなりますけれど、私達が生きている「現実」は、あくまで『今、ここ』という「時間」と「空間」だけです。

『今、ここ』にある「現実」で起きている事象以外のことは、どれだけ考えたり、悩んだりしても、何をどうすることもできません。

何より大切なことは、今あなたの目の前にある『今、ここ』に意識を集中さ

せることです。

『今、ここ』に意識を置くと、目の前にある小さな喜びも見出すことができますし、たくさんの幸せにも気がつくことができるのではないかと思います。

運気を上げるのは、喜びと幸せを感じる心です。

「笑う門には福来《きた》る」という諺がありますが、福が来たから笑うのではありません。

笑うから福が来るのです。

明るくて楽しい空間に、運というのは引き寄せられてくるものなのです。

辛い、苦しい、怒り、悲しいなどのネガティブで後ろ向きな感情に陥ってしまった時は、気持ちを切り替えて前向きになろうとしても、簡単に切り替えられないものですので、そういう場合は気持ちを一回リセットしてみましょう。

気持ちを落ち着けて、心が冷静になったら、『今、ここ』に意識を集中するようにするのです。

他人の心はコントロールできませんが、自分の心は『今、ここ』に意識を置くことで、いつでもコントロール可能なのですよ。

『今、ここ』にある意識の置き所一つで、運気を上げることも、また下げてしまうこともできます。

『今、ここ』に意識を集中して、『今、ここ』で行なっている物事や、『今、ここ』で対面している人に真っ直ぐに向き合う意識を持ってみましょう。

そんな『今、ここ』の意識の持ちようが、この先の「未来」をつくります。

『今、ここ』が充実し命が輝けば、過ぎ去った「過去」も輝き出します。

『今、ここ』に意識が集中できた時、「過去」の後悔や、「未来」への不安を感じることはないでしょう。

『今、ここ』にある、目の前の物事に集中する時、「おかげさまの心」が湧いてきます。

その心が感謝の笑顔となって、あなたの元に福が舞い込んでくるようになるはずです。

私達の人生は、『今、ここ』という目の前にある一点に、魂を刻み続ける道程です。

点と点がつながって線となり、線と線がつながって、やがて大きな面になります。

『ありがとう』という「現実」の一点が、『おかげさま』という線になり、それが『感謝』という面になります。

その面が折り重なることで、心豊かな人生が築かれます。

心豊かな人生は『今、ここ』にあります。

開運ワーク 3

『今、ここ』に意識を置いて目の前にある小さな喜びを見つける

過去や未来にフォーカスするのではなく、
『今、ここ』に意識を集中させてみましょう（177 ～ 183 ページ参照）。
喜びや幸せを見つけたら、メモをして、
意識を今に向けることを習慣化して。

・今日の喜び

・今日の喜び

・今日の喜び

・今日の喜び

・今日の喜び

・今日の喜び

・今日の喜び

・今日の喜び

・今日の喜び

・今日の喜び

第 4 章

運も魂レベルも下がる罰当たり行為

罰当たり行為を犯すと魂レベルまで下がる

これまでご紹介してきたように、善行（世のため人のためになるような善い行ない）などを意識的に行なうことで、魂が磨かれ、魂レベルを上げるきっかけになります。

そして、魂レベルが上がれば、幸運を引き寄せることができます。

ところが、**「罰当《ばちあ》たり行為」を一度でもしてしまいますと、運気はもちろん、魂レベルまでも下げてしまいます**ので、皆様には十分ご注意いただきたいと思います。

極端な話、道端のゴミを拾ってゴミ箱に捨てること（善行）で一つ浄化されて魂が磨かれたと同時に、運気も上がります。

けれども、振り返った時に道行く人と肩がぶつかって、カッとなって「どこ見て歩いとんじゃ〜！」なんて喧嘩《けんか》にでもなったら、浄化どころではありませんよね。

ゴミ拾いの【善根功徳（ぜんこんくどく）】が帳消しになるどころか、マイナスになってしまうと言っても過言ではありません。

例えば、信用されていた人が一度信用を失うと、また信用を取り戻すのに倍以上の時間がかかるようなもので、「できていた＝分かっていた」人が、何の気まぐれなのか罰当たり行為を犯したとすれば、それは魂レベルをグッと下げることになってしまうのです。

「できていた＝分かっていた」ということで、魂レベルが高い人ほどちょっとしたことでもバッシングされます。

つまり、駄目なことを重々承知のうえで犯す罰当たり行為ということになるわけですから、知らずに犯してしまっていた罰当たり行為とは訳が違うと言えるでしょう。

厳しいようですが、たとえそれが小さな罰当たり行為だとしても、また一度だけだったとしても、「魂レベルを下げる」ことになります。

人には癖《くせ》というものがあります。

良い癖もあれば悪い癖もあります。

染め物は何度も染めを繰り返すことで、徐々に濃い色に染まっていくように、罰当たりな行為やネガティブ行動を繰り返すほどに、魂レベルも下がった所で色濃く定着することになります。

罰当たり行為（悪い癖）をできるだけ早く改めて、染まりきらないように、善行（魂磨き）を意識的に行なっていくべき理由がここにあると言えます。

そこで最後にこの章では、気をつけていただきたい「罰当たり行為」についてご紹介したいと思います。

と言っても、よくよく考えてみれば確かに……と納得いただけることばかりだと思います。

せっかく善行を積まれて魂レベルもアップ、運も上がり始めたというところで、ふと気を抜いたり深い考えなしに「罰当たり行為」をしてしまったら泣くに泣けませんよね。

「後悔先に立たず」

魂レベルのアップダウンは自分では分からなくても、運のアップダウンはなんとなく分かるものです。もしかして、あの行為で運が下がった?と後悔しても、もう元には戻れません。

だからこそ、日々ポジティブな意識で【智慧】を働かせ、ゆめゆめ「罰当たり行為」をなさいませんようお気をつけくださいね。

お墓参りの罰当たり&NG行為

お墓というのは、親やご先祖様をはじめとする、今は亡き大切な故人のご遺骨が納まっている場所。言わば神聖な空間です。

そうした場所にお参りへ出かけるにあたっては、注意しなければいけない点がいくつかございます。

そもそも私達は、お墓参りの正式な作法を学校で習うわけでもなし、各ご家庭の中で受け継がれてきた作法を身につけていくものなのですが、その作法が正しいかどうか一度振り返ってみられるのもよろしいかと思います。

「罰当たり行為」

墓石にお酒をかけ、タバコに火をつける

これはよく見かける光景なのですが、「オヤジ、大好きなお酒を飲んでくれ

よ！」とか言いながら、墓石になみなみと日本酒をおかけになる……。

お気持ちは分かります。故人に供えようとなさるお気持ちは尊いのですが、**周囲の方のご迷惑を考えない罰当たり行為**と言えるでしょう。

お酒には糖分が入っています。糖分でお墓がベトベトになってしまいますし、たとえ洗い流して拭き取ったとしても、墓石の細かい傷や穴からお酒が入り込んで変色したり、蟻《あり》などの虫も集まってくることになります。

もし、お酒をお供えされる場合は、お酒やビールなどのフタを開けて、墓石の上にそっと、お供えするようにしましょう。

また、タバコには火をつけないで供えるようにしましょう。

お酒やタバコを供えたところで、実際に召し上がるわけではありません。故人の生前中の姿を思い出し、お供えしようとされる、そのお気持ちをいただくわけですから、真心をお供えするようにしましょうね。

また、罰は当たらずとも運を下げてしまうNG行為もございます。

「NG行為」

お供物類を、そのままにして帰る

夏のお盆の時期ですと、直射日光を浴びたお供物は傷みやすいですし、傷むと墓石の周りに異臭が漂い出します。おまけにカラスや野良ネコがやってきて、お供え物を漁って、墓石周辺に散乱していることがあります。さらにカラスなどの鳥は糞《ふん》も落としていきます。彼らの糞は酸が強くて、墓石を変色させてしまいます。

墓石にお供物類を置いて帰ってしまわれますと、せっかく掃除してきれいにした墓石の周りが、散乱したお供え物と、カラスの糞で、目も当てられない状況になることがあります。

お供物は、お参りが終わればお持ち帰りになるか、墓地指定の供物廃棄用ボックスに納めるようにしましょう。

夜間にお参りする

気持ち良くお参りできる午前中の時間帯に行なうようにしましょう。

夜は見通しも悪いですし、防犯上のリスクもございますので、**夜間のお墓参りは特別な事情がない限り、避ける**ようにしましょうね。

他にも、華美な服装で香水の匂いをプンプンさせて行くのもNGですし、大声で会話なさるのも慎《つつし》むべき行為と言えます。

現代では樹木葬や室内型の納骨堂など、お墓参りのスタイルも時代と共に変わりつつあります。火事の原因になるからと、お線香を供えることを禁止されている場合もございます。ここでご紹介いたしました罰当たり&NG行為を意識しつつ、お墓参りの作法も時代に合わせて見直していく必要があるのかもしれません。

とは言え、お墓参りだからと必要以上に身構えることはありません。**故人を偲《しの》ぶ気持ちが何よりも大切なご供養**となります。ご生前の面影を思い出しながら、真心から感謝の気持ちを手向けましょうね。

通夜葬儀の罰当たり行為

お通夜やお葬式は、予期せぬ時に参列する機会が訪れるもの。悲しみの中、皆、大急ぎで準備を整えるものですが、慌て過ぎてまさかの大失態を犯してしまう参列者をお見受けすることもございます。中でも、これだけは絶対にやってはいけないという罰当たり行為もございます。代表的なものを五つご紹介いたします。

「罰当たり行為」

お亡くなりになった経緯を聞く

故人がお亡くなりになった時の状況や死因を伺うのは、とても失礼な行為ですから絶対にすべきではありません。

ご遺族の気持ちを考えれば当たり前のことなのですが、**遺されたご遺族の心**

に寄り添うのが弔問者の基本的な心構えです。

お悔やみの挨拶を交わしたら、謹んで弔意を表していただければと思います。

故人に関係のない話をして盛り上がる

友人や知人との久しぶりの再会で話に花が咲いて盛り上がってしまう気持ちも分からないでもないのですが、故人を失った悲しみの場であるはずの通夜葬儀などの弔事の席。**故人に関係のない話は厳に慎みましょう。**

もし個人的な話をするなら、せめてお葬式が終わった後に場所を変えて、じっくり旧交を温めていただくことをおすすめします。

また、**ご葬儀の最中の私語も厳禁**です。会話は必要最小限にとどめ、静かに式に参列しましょう。

通夜ぶるまいで長居する

「通夜ぶるまい」とは、ご遺族が弔問者に食事や飲み物を振る舞って、故人を偲ぶ場として提供する食事会のことです。

通夜ぶるまいの席には、お亡くなりになった方の思い出を語ったりして、ご遺族の悲しみを慰めるという意味合いがございます。**故人に関係のない自分の話を延々とすることのないよう**お気をつけくださいませね。

ご遺族の心に寄り添い、慰めたら、目の前にあるお食事をサッといただいて、長居せずに、そっと退出するようにしましょう。

華美な服装で参列する

弔事に華やかさは一切必要ありません。派手で華美な姿は、お悔やみの気持ちを手向ける場の雰囲気にそぐわないですし、悲しみの気持ちを表していないと思われかねません。

お悔やみ事の場では、喪服以外の身だしなみは当然控えめに、抑えめにしましょう。仮にジェルネイルなどで、普段から手元をきれいにしていらっしゃる場合は、黒い手袋を着用して、お悔やみの気持ちをその姿勢で表すのがよろしいと思います。

斎場で許可なく写真を撮影する

通夜葬儀は、センシティブな場ですので、結婚式や宴会場のように自由に写真撮影をしてしまいますと、**ご遺族や他の参列者に不快な思いをさせてしまう**恐れがあります。仮に喪主・ご遺族から許可をいただいての撮影だったとしても、基本的には斎場の一番後ろから全体を撮影なさるとか、参列者のお顔が写らないように気を配りながらシャッターを切るようにしましょう。

それを許可も得ておらず、ましてや**SNSに投稿するなんて非常識**なことのなきようご注意くださいね。

いずれも**故人やご遺族への配慮を度外視し、自分の個人的な思いを優先していることが、故人やご遺族、または参列者の皆様に不快な思いを抱かせることになる罰当たり行為**です。

弔事に参列するその目的は何か、ご遺族の心に寄り添って、弔意を表することのできる自分であるよう、改めて心がけておきましょうね。

ご朱印集めの罰当たり行為&NG行為

ご朱印集めは、寺社へ参拝した記念や記録にもなることから、老若男女を問わず、生涯楽しめる趣味の一つとして、とても注目を集めていますよね。

そもそもご朱印とは何でしょうか。

一言で言うと、神社やお寺の「参拝証明」です。参拝した日付、神社仏閣の名称、拝殿にお祀りされている神様仏様のお名前などが墨書押印されています。

神様仏様とのご縁に感謝し、敬虔な思いを持ってきちんと参拝し、その証としていただくのがご朱印や納経印《のうきょういん》ということになります。

ですから、**ご朱印・納経印を授かる時は必ず参拝した後**というのが基本です。最大の罰当たり行為は、参拝もなさらずにご朱印だけを希望されることですので、その点を踏まえたうえで以下の行為にご注意なさってください。

正しいご朱印のいただき方

手水舎で身心を浄め、身なりを整えてから、神様仏様へ参拝いたします（77ページ参照）。参拝の後、「ご朱印や納経印」を授かりたい方は、神社の場合は社務所《しゃむしょ》や授与所に行ってご朱印帳をご用意ください。お寺の場合は納経所や寺《じ》務所《むしょ》に行って、納経帳のご準備をお願いします。

墨書押印していただきたい帳面の新しいページを開いて「ここに納経してください」とか「ご朱印をお受けしてもよろしいでしょうか」とお声かけくださいね。

神職様やご住職様からご朱印帳や納経帳を受け取る際には、「ありがとうございました」と言って、感謝の気持ちと共に授かってください。

「罰当たり行為」

ご朱印帳を粗末に扱う

寺社参拝から帰宅なさったら、授かったご朱印帳や納経帳は神棚やお仏壇に保管なさるとか、本棚にきれいに整理整頓して揃《そろ》えて立てておくとか、大切に取り扱いましょう。

せっかく**授かったものを粗末に扱うのは罰当たり**以外の何物でもありません。

「NG行為」

受付時間を守らない

神社やお寺にも受付可能な時間帯がございます。大抵の場合、九時〜十六時のところが多いようですが、受付時間は事前に確認してから参拝するようにいたしましょう。

また、神社仏閣によっては不在の場合もございますので、事前に連絡を入れて予約しておかれると丁寧ですし、間違いありません。

ご朱印帳を持参しない

ご朱印を授かるためには、ご朱印帳や納経帳が必須アイテムになります。寺社で販売しているところもありますが、書店やネット通販などで購入可能です。

小銭を用意しない

ご朱印を授かる時には、五百円程度の奉納金が必要になります。できるだけおつりが出ないように、しっかり小銭を用意して参拝しましょう。

代理授与したりプレゼントにする

ご朱印はスタンプラリーやコレクションではなく、参拝をして神様や仏様とご縁を結ばせていただいた「参拝証明」です。

参拝の証としてご朱印を授かることに意味があります。そういう意味では、**参拝記念のお土産としてプレゼントにされるのは、基本的にはＮＧ行為**と言えましょう。

とは言え、参拝したくてもできない事情をお持ちの方もいらっしゃると思います。代理授与が絶対に駄目というお話ではなく、しっかりとした敬虔な気持ちをお持ちで、なおかつ何か特別な事情がおありの場合は、代理授与も尊い行為になると思います。

家の中にあるだけで罰が当たる&運気が下がる物

魂レベルはもちろん、運気を上げたり、逆に下げてしまうポイントは、自分の意識と行動次第であることは間違いありません。

ただし、**ご自宅に魂レベルや運気を下げてしまうアイテムがある場合、知らず知らずのうちに、悪影響を受けてしまっている可能性があります。**

もしそういったアイテムがお家の中にある場合、処分なさるか、新しい物に買い替えられることをおすすめいたします。

「罰が当たる物」
古くなったお札やお守り

種類によっても異なりますが、基本的にお札やお守りは一年間の厄除けや安全や招福などを祈願するものですので、一年ごとに新しいお札やお守りに交換なさるのが良いとされます。

古くなったお札やお守りを持っていると罰が当たると言われるのは、**お札やお守りの存在を忘れてしまうことが、罰当たりな行為**だからです。

ただし、古いお札やお守りを大切だから手放したくないという気持ちで何年にもわたって持ち続けられるのでしたら問題ありません。罰が当たったり、運気が下がることはありませんので心配ご無用です。

基本的には一年ごとに、授かった寺社へ返納して、お焚き上げしていただくようにしましょう。

「運気が下がる物」

欠けた食器

物を大切に使うという気持ちはとても大切なことではあるのですが、**破損した食器を使用するのは、運気を下げる**ことになります。

処分なさる時は、食器を割ってから処分いたしましょう。あえて割るというのは、その食器に溜まった悪い気をリセットするための作法でもあります。

食器が欠けたりひび割れしたのは、自分の悪い気を吸って身代わりになってくれた結果だったのかもしれないからです。

感謝の気持ちを込めて、粗塩を一振りしてから処分なされば完璧です。

切れない刃物

切れにくい包丁を使用するのは金運を下げることになります。

もし切れなくなった場合は、包丁研ぎで刃を研ぐか、新しい物に買い替えましょう。

また、**包丁は刃の部分が見えているのも、金運を下げる**ことになりますので、使い終わったら、きちんと洗って水気を拭き取り、刃が見えないように収納しておきましょう。

ドライフラワー

インテリア雑貨としても人気の高いドライフラワーですが、乾燥させ、必要に応じて加工しているお花ですので、**風水では「既に死んでいる花」という位**

置づけになり、運気を大きく下げてしまうと考えられています。

お家の中に「死」を連想させる物を置いてしまいますと、悪い気を呼び寄せて、運気を大きく下げてしまいます。

また、枯れた観葉植物が一つでもあれば、運気を下げてしまいます。「枯れる＝死」ですから、多くの植物やドライフラワーをお持ちの方は、一度見直されることをおすすめいたします。

使い古した物やゴミ

必要がない物に囲まれていると邪気がついて、運気を下げてしまいます。ましてやゴミなんてもってのほかです。

「もしかしたら必要になるかも」と思う気持ちは、物への執着心です。使わない物に対する執着心を断捨離できると、心がリセットされ余裕も生まれます。

悪い気をすっきり手放すことで、良い気が入るスペースが生まれます。

古い物への執着心から解き放たれると、過去に囚われることがなくなり、未来に目が向くようになるでしょう。

おわりに

いつだって「今」と「ここ」を生きている私達です。

「今、ここ」から一歩を踏み出せたら、目の前の景色が変わります。

その一歩は、ご自分が決める一歩です。

本書を手に取り、最後までお読みいただいたことも、それ自体が大きな一歩と言えます。

この本を読んで、何か気づきがあったはずです。


あなたは「〇」から「一」へと進まれました。

そして、自分でも実践してみたいと思われたことを実行に移されると、それが「二」へと進むことになります。

人生は経験の積み重ねです。

「〇」から「一」を生み出すのは、とってても大変なことでもあります。ただし「一」から「二」へは、かなり楽に行くことができるでしょう。

たとえ不安を抱えて、悩みながらであっても大丈夫です。それがあなたのペースなのですから。

それに、何事もなく人生を闊歩なさっている方には気づかない美しい景色も、あなたには見えるのですから、それこそ価値ある人生と言えますよ。

人生に正解はありません。ゆっくりとマイペースでまいりましょう。

何度躓いても良いのです。自分の人生は自分が主役。自分と同じ人生を歩む人は、どこにもおられません。あなたにだけ与えられた、唯一無二の素晴らしい人生です。

本書をお読みくださったことが、二度とない自分の人生に、感謝しながら過ごせる契機になれば幸甚です。

かんちゃん住職《じゅうしょく》

本名：谷川寛敬《たにかわかんきょう》 Kankyo Tanikawa

日蓮宗 玉蓮山 真成寺 副住職

保護司・瞑想指導者。仏教の伝道師・布教師として29歳の最年少で認可を得る。富山県黒部市経妙寺（清水庵）の法燈を継承、住職となる。世界三大荒修行を3度成満。霊断師に認可。全国日蓮宗青年会の実行委員長、また第19代全日本仏教青年会理事、富山県布教師会長を歴任。「冬至（12月22日）」に合わせて開催している【冬至水行祭・ほしまつり】では代表責任者を務め14年。国内外から200名前後の水行者が修行に臨む。Yahoo! トップニュースにも取り上げられる行事に成長。グリサポとやま副代表を務める傍ら、保護司として対象者の心に寄り添う。

YouTube「かんちゃん住職〔Kankyo Tanikawa〕」@kanchanjyusyoku

「今《いま》、ここ」から未来《みらい》がひらける！

魂《たましい》磨《みが》き開《かい》運《うん》

2023年11月17日　初版発行

著者／かんちゃん住職《じゅうしょく》

発行者／山下 直久

発行／株式会社 KADOKAWA

〒102-8177　東京都千代田区富士見2-13-3

電話 0570-002-301（ナビダイヤル）

印刷所／大日本印刷株式会社

製本所／大日本印刷株式会社

●お問い合わせ

https://www.kadokawa.co.jp/（「お問い合わせ」へお進みください）

※内容によっては、お答えできない場合があります。

※サポートは日本国内のみとさせていただきます。

※ Japanese text only

定価はカバーに表示してあります。

ISBN 978-4-04-606445-5 C0095